KB098199

얘들아,
하브루타로
수업하자!

애들아,
하브루타로
수업하자!

발행일 2017년 08월 01일 초판 1쇄 발행
2022년 06월 01일 초판 6쇄 발행
지은이 이성일
발행인 방득일
편 집 박현주, 허현정, 한해원
디자인 강수경
마케팅 김지훈

발행처 맘에드림
주 소 서울시 도봉구 노해로 379 대성빌딩 902호
전 화 02-2269-0425
팩 스 02-2269-0426
e-mail momdreampub@naver.com

ISBN 978-89-97206-56-8 03370

※ 책값은 뒤표지에 있습니다.
※ 잘못된 책은 구입처에서 교환하여 드립니다.

얘들아,
하브루타로
수업하자!

이성일 지음

맘에드림

하브루타와 다양한 학생 참여 수업

《얘들아, 하브루타로 수업하자》는 학생들의 자발적인 참여 수업 방법을 찾고자 고민하고 있는 중·고등학교 교사들을 위한 안내서이다. 필자는 최근 2년 동안 고등학교 3학년 인문계 반에서 학생들을 가르쳤는데, 그 과정에서 학생들의 자발적인 수업 참여를 유도하기 위한 여러 가지 의미 있는 시도를 할 수 있었다.

이 책에 담긴 대부분의 내용은 일반적인 수업 이론이 아니라, 필자가 고등학교 3학년 교실에서 수업을 진행하는 과정에서 실제 적용하고 성과를 본 사례들이다. 그 외에도 수업 동아리 선생님들, 수업 컨설팅이나 수업 탐구 공동체로 만난 중학교 선생님의 수업 사례도 포함되어 있다. 또한 수업 절차와 지도안, 평가지와 활동지, 사진 등을 담아 누구나 수업 현장에 바로 적용할 수 있도록 했다.

필자는 교사로 재직한 후 22년 동안은 강의식 수업만 했다. 첫

부임지는 모교였던 방어진중학교였다. 초임 교사 시절 필자의 목표는 '재미있는 수업'이었다. 늘 옆 반까지 웃음소리가 들릴 정도로 수업을 진행했다. 교실에서 나올 때면 뿌듯했고, 인기도 좋았다. 나름 만족스러운 시간이었다. 5년 후, 집에서 가깝다는 이유만으로 공업계 특성화 고등학교로 전근을 갔다. 그런데 그곳에서는 재미있는 수업은커녕 학생들을 달래가면서 수업을 해야 했다. 아이들은 잘 웃지 않았고, 필자 역시 웃길 마음이 들지 않았다. 그러다 보니 내신에 나올 내용만 간단히 밑줄 치고 설명하는 고루한 방식으로 수업이 진행됐다.

그렇게 타성에 젖어 지내던 어느 날, 우연히 수능 문제를 풀었는데 명색이 고등학교 선생인데도 모르는 문제가 수두룩했다. 이건 아니다 싶어 2년 만에 도망치듯 학교를 옮겼다. 그 이후로 필자는 계속 인문계 고등학교에서만 교편을 잡고 있다.

요즘은 학생 참여 수업이 대세다. 중학교는 자유학기제, 고등학교는 학생부 종합 전형의 과목 세부능력 및 특기 사항 때문이다. 하지만 이는 표면적 이유이고, 실제로는 시대의 흐름이 반영된 결과다. 지난 산업화 시대에는 3R 교육으로 읽기(Reading), 쓰기(wRiting), 셈하기(aRithmetic)를 잘하는 사람을 만드는 교육이 대세였다.[1] 백과사전을 들고 다닐 수 없었던 학생들은 열심히 읽고, 외워야 했다. 수업에서 교사는 시험에 나올 만한 중요한 내용만

1. 《충청매일》, 2016년 11월 20일 재인용

을 설명했다. 시험 문제도 짧았고, 답은 대부분 교과서 어디엔가 나와 있었다.

정보화 시대가 되면서 모든 사람의 손에 백과사전이 들려 있게 되었다. 터치 몇 번이면 필요한 내용이 눈앞에 펼쳐진다. 이제 얼마나 많이 아는가는 예전만큼 중요하지 않게 되었다. 설령 아무리 많이 알고 있어도 컴퓨터만큼 많이 알 수는 없는 것이다. 시험도 외워서 정답을 맞히는 문제보다 주어진 자료를 이해, 분석해서 문제를 해결하는 방향으로 바뀌었다. 암기력보다 사고력을 요구하는 것이다. 시험 문제는 길어졌고, 답은 예전과 달리 교과서에 없는 경우가 많아졌다.

이제는 공부 방식도 외우는 공부에서 생각하는 공부로 바뀌어야 한다. 아울러 수업 방식도 교사 위주의 강의 수업에서 학생 위주의 참여 수업이 되어야 한다.

먼저 필자의 수업 방식부터 바꿔야 했다. 20년 가까이 강의식 수업만 하다가 어디서부터, 어떻게 바꿔야 할지 난감했다. 다행히 재직 중인 학교에 대부분의 수업을 학생 참여 수업으로 하는 선생님이 있었다. 막 중학교에서 고등학교로 올라온 젊은 사회 선생님이었다. 수업 방식을 바꾸고 싶은데 선생님 수업을 보고, 배우고 싶다고 부탁했다. 선생님은 흔쾌히 승낙했고, 이후 기회가 되는 대로 수시로 수업을 참관했다.

그러다 2년 전 겨울방학 방과 후 수업 때부터 학생 참여 수업을 시작했다. 진도에 대한 부담도 없었고, 무엇보다 일반계 고등학교에서는 비교적 성실한 학생들이 '방학 방과 후 수업'에 참여하기 때문에 수업 진행도 쉬웠다. 모둠을 만들고, 토의와 발표 수업부터 시작했다. 그동안 학생 참여 수업 관련 책은 닥치는 대로 읽었고, 배움의 공동체, 토론 수업 등의 연수를 들었지만, 연수 내용 그대로 수업에 적용하는 것은 쉽지 않았다. 하지만 수업을 바꾸기로 결심하면서, 기존의 여러 선생님의 학생 참여 수업 방식에 필자의 생각을 접목하기 시작했다.

이 책의 1장은 학생 참여 수업의 필요성에 대한 내용이다. 시대의 변화, 대학 입시제도의 변화, 쉬운 수능과 영어 절대평가, 수행평가와 과정 중심 평가의 확대, 중학교의 자유학기제, 수업 동아리 지원 확대 등에 대한 내용이 나와 있다.

2장은 학생 참여 수업의 네 가지 요소로 생각하기, 말하기, 글쓰기, 협력하기를 제시한다.

3장은 하브루타 수업에 관한 것들이다. 인문계 고등학교에서 가장 쉽게 수업에 적용할 수 있는 하브루타 수업모형과 방법을 제시했다. 질문 만들기, 과제 해결하기, 친구 가르치기, 논제 만들기, 근거 만들기, 문제 풀이 등 하브루타 수업 사례를 소개한다.

4장은 토의·토론 수업 사례이다. 모둠 구성 방법, 포토 스탠딩으로 마음 열기, 피라미드 토론, 미니 모둠 토론, 모서리 토론, 패널 토론, 찬반 대립 토론 등 실제 수업에 적용하고 컨설팅했던 사례들이다.

5장은 생활기록부에 도움을 주는 수업 사례이다. 학생부 종합 전형이 확대됨에 따라, 교사가 수업에서 관찰한 학생의 활동 내용을 적는 과목 세부능력 및 특기 사항의 중요성이 커지고 있다. 주제 발표, 학생이 진행하는 수업, 릴레이 수업, 탐구 보고서 쓰기, 독서 보고서 쓰기, 수업 활동-교내 활동-독서 활동 연계, 수업-평가-기록의 일체화, 수업 일기, 학기 말 학생 평가 등을 소개한다. 이는 교사가 과목 세부능력 및 특기 사항을 적는 데 도움을 주고, 학생의 자기소개서 작성에도 유용한 수업 사례들이다.

6장은 습(習)하는 수업이다. 공부는 '학(學)'과 '습(習)'으로 이루어진다. 문제 만들기, 마인드맵 다양하게 표현하기, 기억 꺼내기, 플래시카드 퀴즈 게임, 칠판 채우기, 기억해서 쓰기, 빙고 게임 등 수업 시간에 복습이 이루어지면서 장기기억을 할 수 있는 수업 사례들을 소개한다.

7장은 융합 수업이다. 연극 수업, 노래 가사 바꾸기, 명화로 탐구하는 지구과학, 모의재판과 신문 만들기, 문사철(文史哲)[2] 융합 수업, 주제 중심 교과 융합 수업의 사례들을 소개한다.

수업을 개선해야 하는 이유는 이미 사회·제도적으로는 충분히 설명되었다. 이제 남은 것은 교사의 '결심'뿐이다. 어쩌면 그것이 가장 어려울 수도 있다. 이 책이 아직 결심을 미루고 있거나, 결심은 했으나 어떻게 시작해야 할지 모르는 선생님들에게 작은 도움

2. 전통적인 인문학 분야인 '문학, 역사, 철학'을 이르는 말이다.

과 안내서 역할을 하리라 믿는다.

이 책이 나오기까지 소중한 달란트를 주신 하나님께 먼저 감사드리고, 조용히 곁에서 기도로 응원해준 아내에게도 사랑과 고마움을 전한다. 수석교사로서의 정체성을 갖게 해주신 울산광역시교육청 김영오 교육국장님, 늘 믿어주시는 정석환 교장 선생님과 최우용 교감 선생님, 모든 신정고등학교 동료 선생님들께 감사드린다.

수업에 실패했다고 하면서도 항상 새로운 수업에 도전하는 수업 친구 김기현 선생님, 수업 동아리를 함께 운영하며 융합 수업을 선도하는 강미희 선생님, 탐구와 배움의 자세로 언제나 필자를 자극하는 이성현 선생님, 그리고 함께 수업 방식을 고민하고 이야기를 나누었던 수업 동아리 문효영, 안현진, 정정순 선생님 덕분에 이 책이 나올 수 있었다. 또한 기꺼이 자신의 수업을 공개하고, 그 내용의 공유를 허락해주신 구은회, 최고은, 박상미, 김정민, 조혜영, 정선아, 전경록 선생님께도 감사를 드린다. 마지막으로 나와 수업을 함께했던 모든 학생에게 미안함과 감사의 마음을 전한다.

이 성 일

차 례

1장

왜 학생 참여 수업인가?

"들은 것은 잊어버리고, 본 것은 기억만 되나, 직접 해본 것은 이해된다". 공자(孔子)가 한 말이다. 교육은 교사가 열심히 강의하는 것만으로 이루어지지 않는다. 수업에도 학생의 참여가 중요하다. 스스로 생각하고, 활동하고, 느껴야 진정한 배움이 이루어진다.

수업이 변해야 한다. 교실 수업 개선은 교육계의 큰 화두이다. 물론 강의식 수업도 필요하다. 학생 참여 수업이 강의식 수업의 전면 부정은 아니다. 고대부터 가장 오래 지속된 수업 방법이고, 최근 거꾸로 교실에서도 디딤 영상에서는 강의식 수업을 한다. 토론 수업을 하더라도 기본 개념에 대해서는 강의가 효율적이다.

하지만 시대가 바뀌었고, 입시제도 역시 바뀌고 있다. 더 이상 학생들을 앉혀놓고 듣게만 하는 수업만으로는 시대와 제도의 변화에 순응할 수 없다. 《EBS가 선택한 최고의 교사》라는 책에 이런 말이 나온다.

> 최고의 교사 조건에 대한 기준은 없었다. 하지만 교육 현장에서 교사와 학생들을 만나보는 순간 거짓말처럼 그 기준이 명확해졌다. —중략— 교사와 학생이 함께 수업을 만들어나간다는 것이다. 그들은 결코 나 홀로 강의를 하지 않았다. 일방적으로 가르치는 것이 아니라 아이들이 직접 참여하는 수업을 하고 있었다. '수업은 교사와 학생이 함께 만들어가는 것'이라는 명확한 신념이 있었다.

이는 수업의 주도권을 교사에서 학생에게 넘겨야 함을 의미한다. 거꾸로 교실의 열풍을 일으킨 '미래교실네트워크'의 정찬필 사무총장은 이를 두고 다음과 같이 이야기했다.

"이 놀라운 열풍을 불러일으킨 거꾸로 교실의 본질은 수업의 방향 전환입니다. 수업 주도권을 교사에게서 학생에게로 완전히 뒤바꿔놓은 질적 전환을 의미합니다. 종종 거꾸로 교실의 가장 큰 특징으로 수업 전에 학생들에게 제시하는 강의 영상에 주목합니다. 그러나 이는 지극한 오해입니다. 강의 영상은 수업 시간에 더 이상 선생님이 가르치지 않기 위한 보조 장치일 뿐입니다."[1]

1. '4차 산업혁명'이라는 시대의 변화

우리나라는 세계적으로도 유래가 없을 만큼 단기간에 경제 성장과 민주화를 동시에 이룬 나라이다. 거기엔 여러 가지 요인이 있겠지만 가장 큰 요인은 교육의 힘이다. 우리나라는 학문을 중시하는 유교 문화권의 국가이다. 거기다 1970~80년대 산업화 과정에서 공부는 성공을 보장하는 가장 확실한 방법이었다. 산업화 시대의 공부는 책을 얼마나 많이 이해하고, 암기하느냐가 바로 실력이었다.

하지만 정보화 시대의 공부는 달라졌다. 암기해야 할 대부분의

1. 미래교실네트워크, 〈거꾸로 교실 수업 사례집〉, 2017

내용이 이미 컴퓨터와 인터넷에 널려 있다. 이제 단순한 암기보다 주어진 자료와 내용을 어떻게 분석하고, 활용할 수 있는지가 실력인 세상이다.

따라서 수업도 변화해야 한다. 암기식 공부법에 가장 효과적인 것이 주입식과 강의식 수업이다. 하지만 자료를 분석하고 문제를 해결하는 능력은 창의력과 융합 사고가 요구된다. 이는 학생들 간에 토론하고, 협력하고, 소통하는 과정에서 발달할 수 있다.

미래학자 앨빈 토플러는 2007년 방한 당시 다음과 같이 우리나라 교육 현실을 비판한 적이 있다. "한국에서 가장 이해하기 어려운 것은 교육이 정반대로 가고 있다는 점이다. 한국 학생들은 하루 10시간 이상을 학교와 학원에서 자신들이 살아갈 미래에 필요하지 않을 지식과, 존재하지도 않을 직업을 위해 시간을 허비하고 있다. 한국의 미래는 교육에 달려 있다. 지금 교육 제도는 반복적인 일만 가르치는 공장과 같다. 하지만 미래에는 이 같은 공장은 더 이상 존재하지 않는다."[2]

이는 시대의 변화와 무관하게 지속되는 입시 중심의 교육 풍토와 획일화된 공부에 대한 비판이다.

지금은 4차 산업혁명 시대이다. 인공지능(AI), 사물인터넷, 로봇 기술, 3D 프린팅, 빅데이터, 생명과학 등이 4차 산업혁명의 핵심 기술이다. 4차 산업혁명을 처음 제시한 다보스포럼(매년 초 스위스의 다보스에서 개최되는 '세계경제포럼' 연차 총회의 통칭)의 창립

2. 《한겨레》, 2008년 4월 28일 재인용

자 클라우스 슈밥은 다음과 같이 말했다. "우리는 지금까지 우리가 살아왔고 일하고 있던 삶의 방식을 뿌리부터 바꿀 기술 혁명 직전에 와 있습니다. 4차 산업혁명은 그 속도와 파급 효과 측면에서 이전의 혁명과 비교도 안 될 정도로 빠르고 광범위하게 일어날 것이며, 변화의 범위와 복잡성은 과거 인류가 경험했던 것과 전혀 다른 수준이 될 것입니다."[3]

이는 로봇이나 인공지능을 통해 실재와 가상이 통합되어 사물을 자동화, 지능적으로 제어할 수 있는 가상 물리 시스템이 기대되는 산업상의 변화를 일컫는다.

인공지능을 상징하는 알파고와 초연결성에서 비롯된 빅데이터는 더 이상 지식의 기억이 경쟁력이 될 수 없음을 보여준다. 미래에는 인공지능이 반복적 규칙을 가진 많은 직업을 대체할 것으로 전망된다. 미래에 사라질 직업 중에는 교사가 포함된 자료도 많다. 인공지능은 일방통행이 아니라 쌍방통행을 가능하게 해줘 개별 맞춤형 학습이 가능하다는 것이다.

하지만 컴퓨터가 절대 대신할 수 없는 부분이 있다. 교사와 학생 간에 교감하고, 의사소통을 나누는 것이다. 그에 맞춰 4차 산업혁명 시대에 교사는 단순한 지식 전달자 역할에서 벗어나야 한다.

미국의 시사 주간지 《타임》에 따르면 2015년에 태어난 아기는 142세까지 살 수 있다고 한다. 문제는 그 아이들이 살아갈 앞으로의 세대는 변화의 속도가 과거와는 달리 상상하기 어려울 정도

3. 《정책뉴스》, 2017년 2월 9일 재인용

로 빠르다는 것이다. 또한 2016년 세계경제포럼에서 발간한 〈일자리의 미래〉라는 보고서에 따르면 초등학교에 입학하는 전 세계 일곱 살 어린이들 중 65퍼센트는 지금은 존재하지 않는 직업에 종사해야 한다고 전망했다. 이런 아이들에게 기존의 지식만을 주입하는 교육이 얼마나 도움이 될까?

KBS 〈명견만리〉 '4차 산업혁명은 어떤 인재를 원하는가?' 편에서는 4차 산업혁명을 상상력과 데이터로 만들어가는 소프트웨어 혁명으로 규정한다. 문제를 풀고 답을 맞히는 공부는 컴퓨터 뒤를 쫓아가는 공부밖에 되지 않으며, 상상의 힘으로 거대한 혁신을 만드는 사람이야말로 미래 인재임을 강조한다.

이제 빈 그릇에 지식을 채우는 형태의 수업만으로는 안 된다. 아이들이 스스로 정보를 찾고, 분석하고, 이를 바탕으로 적용하는 과정이 수업에서 이루어져야 한다. 브라이언 코웬 전 아일랜드 총리는 '글로벌 인재포럼'에서 "기존 암기식 교육에만 의존한다면 미래 세대는 기본적인 의식주조차 해결할 수 없는 지경에 이를 것"이라고 경고했다.[4]

이제는 얼마나 많이 아는가보다 무엇을 할 수 있는가가 중요한 시대이다. 따라서 창의성과 융합 사고를 바탕으로 변화에 유연하게 대처할 수 있는 능력을 키워주는 교육이 필요하다. 이를 위해 학교 수업은 토론하고, 협동하고, 문제를 해결하는 학생 참여 수업 방식으로 바뀌어야 한다. 4차 산업혁명이 가져온 패러다임의

4. 《한국경제》, 2016년 11월 3일 재인용

변화는 수업 패러다임의 변화를 요구하고 있다.

2. 입시에서 학생부 종합 전형 확대

우리나라 학생들의 공부에 가장 큰 영향을 주는 것은 대학 입시 제도이다. 공부는 그 자체가 목표이고 과정이어야 하겠지만, 실제 많은 학생에게는 대학 입시가 가장 중요한 공부의 목표가 되어 있는 실정이다.

교사의 입장에서 가장 편한 입시제도는 수능(대학 수학 능력 시험) 위주로 학생을 선발하는 것이다. 교재 내용을 설명하고, 문제 풀이 위주의 수업을 하면 되기 때문이다. 하지만 대입 전형이 수능에서 수시 모집 중심으로, 교과 전형에서 학생부 종합 전형으로 바뀌고 있다. 대학 입시제도가 바뀐다면 공부 방법이 바뀌어야 하고, 수업도 바뀌어야 한다.

최근 대입 전형별 모집 비율을 보면 매년 수시 모집의 비율이 증가하고 있다. 수시 모집 선발에서도 내신을 중시하는 교과 전형은 줄어드는 데 반해, 생활기록부를 통해 다양한 활동을 평가하는 학생부 종합 전형의 비율이 갈수록 증가하고 있다. 특히 학생들의 선호도가 높은 수도권과 지방의 국립대를 중심으로 학생부 종합 전형의 비율이 증가하는 추세이다.

수시 모집에서 전국 대학과 서울 15개 대학 모집 비율을 비교한 자료에 의하면, 전국 단위에서는 여전히 내신 중심의 생활기록부 교과 전형의 비율이 높지만, 수도권 대학에서는 학생부 종합 전형으로 선발하는 인원이 50퍼센트가 넘고 있다. 심지어 교과 전형으로는 전혀 학생을 선발하지 않는 수도권 대학이 늘어나고 있다.

학생부 종합 전형에서 강조하는 이른바 '스펙'도 달라지고 있다. 입학사정관제라 불렸던 초기에는 이른바 '양'을 중시했다. 따라서 봉사 시간, 학생회장 및 학생회 간부 경력, 교외 활동 등이 강조되었었다. 이후 생활기록부 내용이 '질'을 중시하는 방향으로 전환되는데, 그에 맞춰 봉사 활동의 전공 적합성, 학생회 간부로서의 활동 내용 등이 강조되었다.

최근에는 내용의 '가치'를 중시한다. 이에 따라 학생의 자기주도성과 대학에 입학한 후 얼마나 전공 공부를 잘할 수 있는지에 대한 역량에 주목하고 있다. 이는 수업에서의 활동, 교과 능력, 동아리 활동 등을 통해 확인할 수 있다. 이제는 전공과 관련한 자율동아리 활동, 그리고 수업에서 학생들의 태도와 구체적인 활동 내용 등을 기술하는 '과목 세부능력 및 특기 사항'의 중요성이 증가하고 있는 것이다.

과목 세부능력 및 특기 사항은 수업에 참여한 학생의 태도와 과제물, 성취도, 특이 사항 등을 과목별로 종합하여 기록한 자료이다. 교사는 수업 중 발표나 토론, 과제 보고서, 프로젝트 등 학생의 활동 내용을 기록하고, 대학은 이를 통해 학생의 학업 역량과 전공 적합성 등을 파악한다. 그래서 이를 선생님이 써주는 '교과 자기소개서'라고도 부른다.

〈조선일보〉가 서울 주요 12개 대학 입학처장을 인터뷰한 결과, 대부분의 대학에서 "세부능력 및 특기 사항을 평가에 중요하게 반영한다"라고 밝혔다. 단순히 내신등급이나 석차로 알 수 없는 학생의 학업 역량을 이해하는 데 도움을 준다는 것이다. 모 대학 입학처장은 "학교 내신은 중간·기말고사뿐 아니라 다양한 수행평가로 이뤄지는데, 세부능력 및 특기 사항을 통해 학생이 수업 활동에 적극적으로 참여했는지, 어떤 태도로 임했는지를 볼 수 있어 중요하다"라고 말했다.[5] 서울대학교도 학생부 종합 전형 안내에서 다음과 같이 밝히고 있다.

> 생활기록부 세부능력 및 특기 사항을 꼼꼼히 읽으며 교실에서 어떤 수업이 이루어졌는지 파악합니다. 그 과정 속에서 학생은 어떤 능력을, 어떤 소양을 키우고 발휘해왔는지 판단합니다. 따라서 세부능력 및 특기 사항 안에 학생 개개인마다의 학습활동 내용을 담아주시기 바랍니다. ―중략― 각 과목 수업에 임하는 자세, 수업에서 보인 적극성, 학업 소양과 특성 등 선생님들이 보는 그대로를 기록해주시기 바랍니다.

학생부 종합 전형은 교실 수업의 질적 개선을 요구한다. 학생

5. 《조선일보》, 2016년 9월 22일 재인용

들은 활동하고, 교사는 관찰하고 기록한다. 토론 수업, 발표 수업, 프로젝트 수업 등 수업 방식이 바뀌면 학생들의 활동이 늘어나고, 교사가 학생 개개인의 특성을 관찰하기가 쉬워진다.

이제 강의식 수업과 단순한 문제 풀이식 수업은 오히려 대학 입시에 불리해졌다. 교사들은 학생이 직접 활동하고 참여하는 수업을 유도해 학생들의 역량을 파악하고, 이를 통해 학생 개개인의 우수성이 잘 드러나는 생활기록부를 작성해야 하는 것이다. 이를 위해서는 수업 방식이 바뀌어야 한다.[6]

3. 수능 영향력 감소 : 영어의 절대평가 등

오랫동안 대학 입시에서 수능의 영향력은 절대적이었다. 하지만 최근에는 내신과 생활기록부를 중시하는 수시 모집으로 학생을 선발하는 비율이 70퍼센트를 훨씬 넘는다. 예체능계 등 실기를 반영하는 대학을 제외한다면 오로지 수능 점수만으로 학생을 선발하는 정시 비율은 훨씬 더 줄어든다.

물론 수시 모집이라도 최저등급제 등으로 수능의 영향력은 여전히 중요하다. 하지만 최근 수도권 대학에서도 수시 모집 전형에서 수능 최저학력 기준을 반영하지 않는 대학이 증가하는 추세이다.

6. 서울대학교 입학본부 웹진 〈아로리〉 3호, 2015

또한 수능이 쉬워지고 있다. '물수능'이라는 말도 자주 들린다. 변별력 약화라는 문제점에도 불구하고 계속 쉬운 수능의 기조가 유지될 가능성이 크다. 특히 2018학년도 수능부터 영어 교과의 경우는 절대평가제를 도입하고 있다. 상위 4퍼센트에게만 1등급을 주었던 기존 등급제에서 원점수가 90점 이상이면 1등급을 받을 수 있게 된 것이다.

이러한 수능 영어 절대평가는 수능의 영향력 약화를 초래한다. 교육부에 따르면 실용 영어, 말하기, 쓰기 위주의 영어 교육이 자리 잡을 수 있도록 어려운 문법 위주의 문제 출제를 지양하겠다고 한다.[7]

이러한 쉬운 수능과 대입에서의 수능 영향력 약화는 근본적으로는 사교육비 감소라는 정부의 정책과도 관련 있지만, 학생 참여 수업을 하기에 더없이 좋은 교육 환경일 수밖에 없다. 기존의 주입식 강의와 문제만 계속 풀어야 하는 정형화된 수업에서 탈피할 수 있기 때문이다.

4. 새로운 교육과정 개정 : 창의융합형 인재 육성

사회의 변화는 교육의 변화를 요구하고 있다. 학교 교육을 통해 미래 사회에 대비해야 한다. 4차 산업혁명 시대에 더 이상 지식

7. 《서울경제》, 2016년 12월 12일 재인용

위주의 수업은 아이들에게 필요한 역량을 키워줄 수 없다. 미래 사회는 유연하면서도 창의적인 사고를 기반으로 다양한 지식과 가치를 창출할 수 있는 통합 사고력과 문제해결력이 요구된다.

2015 교육과정에서는 미래 사회의 인간상으로 창의적 인재를 제시하고, 학교 교육을 통해 길러야 할 능력으로 다음과 같은 핵심 역량을 제시한다.

[그림1] 창의적 인재의 핵심 역량

따라서 기존의 문·이과의 이분화된 교육에 대한 개선 요구가 확대되었고, 이에 따라 교육부는 다음과 같은 방향으로 2015 교육과정을 개정했다.[8]

8. 교육부, 〈2015 개정 교육과정 연수 자료 활용 가이드〉, p. 14

- 미래 사회를 살아가는 데 필요한 능력 함양을 위해 핵심 역량을 반영해 교육과정 개선
- 인문·사회·과학 기술 소양을 기르고 인성 교육 강화
- 학생이 활발히 참여해 배움을 즐기는 행복 교육이 가능하도록 교과의 학습량 적정화
- 교수·학습 및 평가 방법을 개선하여 교실 수업을 혁신

특히 교실 수업 혁신을 위해 토론 학습, 협력 학습, 탐구 학습, 프로젝트 학습 등 교과 특성에 따라 다양한 교수·학습 방법의 변화를 요구하고 있다. 이를 위해 교과 특성에 맞는 다양한 학생 참여 수업을 활성화하여 자기주도 학습 능력을 기르고 학습의 즐거움을 경험하도록 하는 데 교육과정 구성의 중점을 둔다.[9]

이제까지 대부분의 교사는 교육과정이라 하면 무슨 과목을 몇 학년에 몇 시간 수업하느냐의 문제인 학교 교육과정만을 생각했다. 하지만 교육과정은 교육의 목적 달성을 위한 계획, 수업, 평가의 모든 과정을 포함하며, 이는 시대가 요구하는 인재상에 따라 달라진다.

기존의 교육과정은 '무엇을 가르칠 것인가'에 중점을 두었다. 따라서 교육과정이 수업을 변화시키지 못했다. 하지만 새 교육과정은 '학생들에게 어떠한 역량을 길러줄 것인가'에 초점을 맞추어 '어떻게 가르칠 것인가'를 강조한다.

이러한 역량을 위해서는 개념과 내용이 중시되던 수업에서 탐

9. 〈초·중등학교 교육과정 총론〉, 교육부 고시 제2015-74호

구활동, 토의·토론 수업, 협동학습 등으로 문제해결 능력을 강화하는 학생 참여 수업으로 바뀌어야 한다. 기존의 강의와 주입식 교육만으로는 결코 창의적 인재를 양성할 수 없다. 2015 교육과정의 개정으로 이제까지 많은 교사에게 있어 학생 참여 수업이 선택이었다면, 앞으로는 필수가 될 수밖에 없는 환경이 되었다.

5. 자유학기제 : 교실 수업 개선과 진로탐색

자유학기제는 중학교에서 학생들이 자신의 적성과 미래를 탐색하고 배움의 즐거움을 경험하여, 스스로 공부하는 자기주도 학습 능력과 태도를 기를 수 있게 하자는 취지로 도입되었다. 자유학기제의 핵심은 두 가지이다.

첫째, 교실 수업 개선이다. 지필시험에 대비한 문제 풀이나 설명식 수업에서 벗어나 다양한 학생 참여 수업이 가능해진 것이다. 실제 학교 현장에서 교과 특성을 살린 체험 학습, 교과와 연계하여 문제해결 능력을 기르는 프로젝트 수업, 모둠 활동을 통해 사고를 공유하는 협력 수업, 생각하고 말하는 과정에서 의사소통이 활발해지는 토론 수업, 교과 간 통합 사고력을 기르는 융합 수업 등이 확대되고 있다.

둘째, 진로탐색이다. 자유학기 동안 지필시험을 폐지하여, 학생들이 시험 부담에서 벗어나 자신의 꿈과 끼를 찾게 하는 것이다.

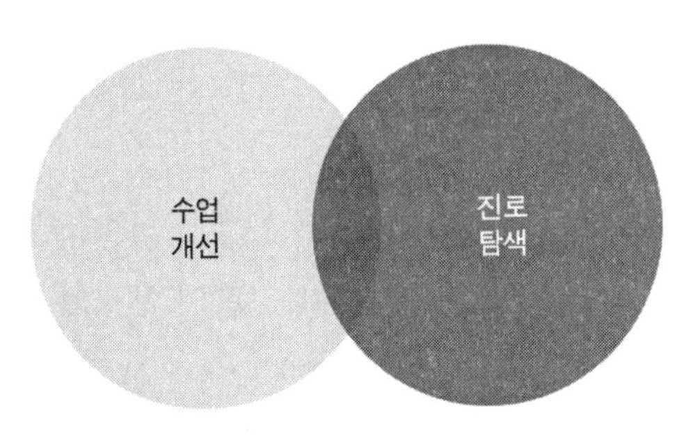

[그림2] 자유학기제의 핵심 키워드

경쟁 중심의 교과 학습에서 벗어나, 함께 문제를 해결하며 자신의 적성과 진로를 찾아가는 다양한 체험 활동을 하게 된다. 이를 통해 학생들은 자신의 생각을 자유롭게 표현하고, 진로를 보다 폭넓게 탐색할 수 있다.

자유학기제로 인해 수업 준비와 수행평가의 부담 등 교사의 짐이 늘어난 것은 사실이다. 하지만 수업에서 교사의 자율성이 확대되고, 교사가 고민하고 노력한 만큼 학교에서 아이들의 모습은 달라진다. 또한 달라진 교육과정 속에서 학생들은 자신의 꿈과 끼를 발휘할 수 있게 되었다. 토론, 실험과 실습, 체험 학습, 프로젝트 활동 등 학생이 직접 참여하는 활동으로 인해 수업에 보다 관심과 흥미를 가지고 자기주도적인 모습을 보인다. 교사에게 자유학기제는 또 다른 업무나 부담이 아닌 수업 개선을 위한 소중한 기회이다.

6. 평가의 변화 : 과정 중심 평가 확대

최근 교육 현장에서 가장 큰 변화 중에 하나가 평가의 변화이다. 상대적인 서열에서 벗어나 성취 기준에 도달한 정도를 판단하는 성취 평가제가 도입되었다. 또한 고등학교에서도 선다형 위주의 평가, 과제나 결과 중심의 수행평가에서 벗어나 '과정 중심 평가'가 확대되고 있다. 과정 중심 평가는 수업 시간 내에 학생들이 무엇에 관심을 가지고 활동하고, 참여하는지 관찰하면서 수업 활동을 평가하는 것으로 다음과 같은 특징을 지닌다.[10]

- 학습의 결과가 아닌 학습의 과정을 평가한다. 수업 중에 시행하며, 지식보다 학생의 활동과 문제해결의 과정을 평가해야 한다.
- 학습에 대한 평가가 아닌 학습을 위한 평가이다. 학생에게 평가 결과에 대한 피드백을 제공하고, 이는 교사의 수업 개선에도 영향을 미친다.
- 학습의 전 과정에서 교과 특성을 반영한 수시 평가이다. 일회성이 아닌 수시 평가를 통해, 학습 과정을 지속적으로 평가해야 한다.
- 교사 중심에서 벗어나 학습자 중심의 다양한 평가이다. 자기 평가, 동료 평가, 교사 평가 등 다양한 방법으로 평가한다.

10. 중앙교육연수원, 〈수석교사 수업컨설팅 역량강화과정 2기 자료집〉, 2017

과정 중심 평가의 핵심은 수업 활동 중에 이루어져야 한다는 점이다. 아직 일부 과목에서는 과제나 서술형 등 결과물을 보고 판단하는 기존의 수행평가와 구분되지 않는 방법으로 과정 중심 평가를 실시하는 경우도 있다. 하지만 수업에서 학생 활동을 하게 되면 과정 중심 평가의 취지에 맞는 평가가 가능하다. 이를 통해 학생의 지적 능력뿐만 아니라 태도와 흥미 등 정의적(情意的) 특성을 반영할 수 있다. 무엇보다 학생의 수업 참여도를 높일 수 있다는 큰 장점이 있다.

실제 필자의 수업에서도 과정 중심 평가 도입 이후 수업 시간에 조는 학생의 수가 현저히 줄었고, 학생 참여도 활발해졌다. 앞으로 과정 중심 평가의 취지에 맞는 다양한 평가 방법 등이 지속적으로 개발된다면 학생 참여 수업은 훨씬 용이해질 것이다.

한편 수행평가의 반영도 확대되는 추세이다. 수행평가는 담당 교사가 학습자들이 학습 과제를 수행하는 과정을 관찰하고, 그 관찰 결과를 판단하는 평가이다. 하지만 본래의 취지와 다르게 여전히 일부 학교에서 수행평가를 지필시험 위주로 치르고 있다. 입시 위주의 경쟁 풍토, 객관성과 공정성 확보 등 어려움은 있지만 본래의 취지에 맞도록 최대한 노력해야 할 것이다. 그것이 앞서 말한 과정 중심 수행평가이다.

이전에는 교과학습 발달상황의 평가는 지필시험과 수행평가로 구분해 실시한다고 규정했지만, 현재는 과목의 특성이나 수업 활동 연계를 고려해 교사가 필요하다고 판단하면 초·중학교에서는 수행평가만으로 100퍼센트 평가가 가능하다. 고등학교는 대학 입시에 미칠 영향 때문에 음악, 미술, 체육 등 실기 위주의 과목을 제외하고는 여전히 지필고사를 반영해야 하지만, 과정 중심 평가를 포함한 수행평가의 비율이 점차 확대되고 있다. 이렇듯 토의·토론, 프로젝트 학습, 과제 해결, 실기·체험 등 과정 중심의 학생 참여 수업을 통해 실질적 수행평가가 가능해진 것이다. 이러한 점도 역시 강의나 암기가 아닌 학생 참여 수업을 위한 제도의 변화라고 할 수 있다.

교육과정-수업-평가는 일체화되어야 한다. 미래 사회에 대비한 새로운 교육과정이 시행되고, 이를 위해 자기주도적인 학생 참여 수업이 강조된다면, 평가도 당연히 달라져야 한다. 평가는 수업 후 진행되는 별도의 활동이 아니라 수업의 일부이다

과정 중심 평가는 단순히 학생을 줄 세우는 평가의 기본 목적을

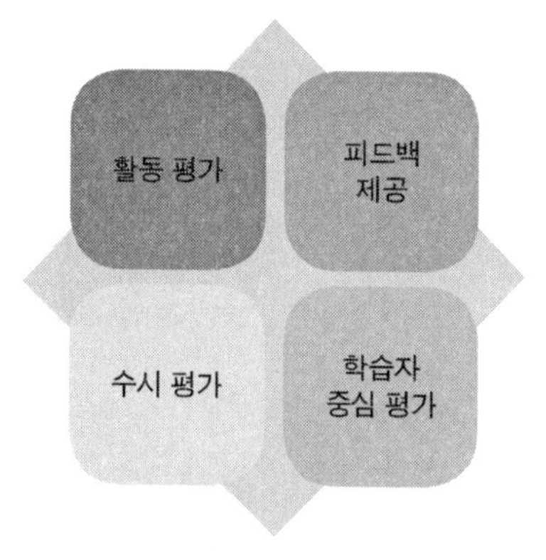

[그림3] 과정 중심 평가의 개념

넘어서, 학생들을 수업에 참여하게 하고 문제해결력과 협동심 등 미래 사회에 필요한 핵심 역량을 배양한다. 다시 말해 과정 중심 평가는 참여 수업의 결과이기도 하지만, 더 나아가 과정 중심 평가의 확대는 참여 수업의 이유이기도 하다.

7. 수업 동아리 지원 확대 : 함께 수업 고민하기

학교에서 교사들 간에 많은 대화가 오가지만 정작 수업에 대한 대화는 거의 없다. 심지어 교과 협의회에서도 평가에 대한 이야기만 있지, 수업 방법을 따로 말하지 않는다. 수업은 마치 모든 교사의 고유 영역이자 권한으로 하나의 성(城)이 된 것이다. 그러나 이제 수업은 변해야 한다. 그리고 수업 변화는 혼자 하는 것보다 여럿이 함께할 때 훨씬 쉽고 효과적이다.

다행히 최근 교육부와 교육청에서 교실 수업 개선을 위해 수업 동아리와 수업 탐구 공동체에 대한 지원을 확대하고 있다. 예산도 학교로 배정하지 않고 동아리 회장에게 직접 지급하여 자율성이 늘어났고, 집행도 효율적이다. 이제 교사들끼리 수업에 대한 이야기를 나누어야 한다. 수업을 누가 잘하고 못하고의 문제가 아니다. 어떻게 함께 개선할 것인가의 문제이다.

교사는 가르치는 존재인 동시에 배우는 존재여야 한다. 이러한 배움은 연수를 통해서도 가능하지만 교사 간의 대화가 더 중요한 역할을 한다. 수업 방식을 협의하고, 서로의 수업을 개방하는 것이 교실 수업 개선의 가장 좋은 방법이다. 필자 역시도 학교에서 서로 수업을 공개하고 허심탄회하게 서로 간의 수업 이야기를 나누는 수업 친구와 수업 동아리 교사들이 있었기에 수업 변화가 가능했다. 조벽 교수의 《나는 대한민국의 교사다》에는 교사가 스스로 교사로서의 도구를 갈고닦는 다섯 가지 방법이 나온다.

1. 선배 교사의 도움을 받는다.
2. 후배 교사와 토의할 기회를 만든다.
3. 교육과 강의 기술에 관한 책을 매년 한 권씩 읽는다.
4. 교육과 강의 기술에 대한 워크숍에 최소한 매년 한 번만이라도 참석한다.
5. 교육과 강의 기술에 대한 온라인 정보센터를 수시로 방문한다.

이런 활동을 하기에 가장 좋은 것이 수업 동아리이다. 수업에 대한 고민 나누기, 수업 관련 독서 토론, 수업 방법 공유, 수업 공개 및 피드백, 외부 초청 강연, 수업 나눔, 수업 결과물 공유, 과정 중심 평가 방안 협의 등 동료 교사들이 모여 서로 고민하고 대화하는 중에 교사는 성장할 수 있다.

수업 동아리 활동에서 독서 토론에 적합한 책으로 김태현 선생님의 《교사, 수업에서 나를 만나다》와 《교사, 삶에서 나를 만나다》를 추천한다. 단순한 수업 방법에 대한 책이 아니다. 교사의 내면을 세

수업 동아리 모임 중인 동료 교사들의 모습

우는 수업 성찰을 통해서 자신과 수업을 돌아보게 한다. 수업에 대한 본질적인 고민과 성찰을 다룬다. 신규 교사부터 수석교사에 이르기까지 도움이 될 것이다.

수업 동아리 활동들을 교육청 단위, 또는 다른 학교의 수업 동아리와 연계하여 서로의 정보를 공유한다면 훨씬 좋은 결과를 기대할 수 있을 것이다. 〈7장〉에 소개할 융합 수업의 사례도 수업 동아리 교사들을 중심으로 이루어졌다. 융합 수업의 가장 필수 조건이 교과 간 협의이기 때문이다. 일본 가쿠슈인 대학의 교수인 사토 마나부는 《교사의 배움》에서 "배움은 혼자 성립되지 않습니다. 끊임없이 친구를 필요로 합니다"라고 이야기한다. 도종환 시인의 〈담쟁이〉라는 시를 보면서 수업 동아리의 지난 시간들과 오늘을 함께 생각해본다.

담쟁이는 서두르지 않고 앞으로 나아간다.
한 뼘이라도 꼭 여럿이 함께 손을 잡고 올라간다.

— 도종환 〈담쟁이〉 중에서

2장

학생 참여 수업의 네 가지 요소

이제까지 수업이 변해야 하는 이유를 알아보았다. 실제 다양한 학생 참여 수업 방법이 있고, 연수도 활성화되어 있다. 하지만 막상 실행하기란 쉽지 않다. 거꾸로 수업을 하자니 디딤 동영상 만들기가 부담스럽고, 만든다 하더라도 수업 시간에도 딴짓하는 학생들이 과연 그것을 보고 올지도 걱정이다.

배움의 공동체 수업은 매시간 점프 과제를 만드는 것이 고민이다. 토론 수업을 하자니 토론 수업 모형들이 자신의 과목에는 맞지 않는 것 같고, 평소 수업 시간에 교사의 질문에도 대답하지 않는 아이들이 제대로 토론할지도 걱정이다.

어떤 수업도 교사의 결심 없이는 바꿀 수 없다. 바꾸어야겠다고 결심하는 순간, 책을 읽고 연수를 들으면서 방법을 찾게 되어 있다. 모든 교사는 전문가이기 때문이다. 그렇다 해도 기존의 수업 방법들을 그대로 자신의 수업에 활용하기가 쉽지 않다. 과목도, 아이들도, 교사의 성향도 다 다르기 때문이다. 필자의 경우도 수많은 수업참관을 하고, 다양한 수업 관련 책을 읽고, 연수를 들었다. 하지만 100퍼센트 그대로 필자의 수업에 적용할 수 있는 경우는 거의 없었다.

책과 연수 내용이 작은 씨앗이 되어, 나만의 수업의 나무를 자라게 해야 한다. 그러기 위해서는 책을 읽고 연수를 들으면서 자신의 수업에 적용할 수 없는 이유를 찾는 것이 아니라, 자신의 수업에 어떻게 적용할 것인가를 고민해야 한다.

필자는 학생 참여 수업의 네 가지 요소로, '생각하기 – 말하기–글쓰기–협력하기'를 제시한다. 그리고 50분의 수업에서 이 네 가지 요소를 모든 학생이 한 번 이상 실천할 수 있도록 노력할 것을 제안한다.

1. 생각하기

미래 학교의 모습을 비판적으로 풍자한 《밀레니얼 칠드런》이라는 소설을 보면 이런 구절이 나온다.

> 너무 깊게 생각하지 마. 의심하면서 성인이 될 수 있을 만큼 세상은 만만하지 않아. 지금은 집중해. 잘못된 것은 성인이 된 다음에 고쳐도 돼. 성인이 되기 전까지 우린, 인간조차 아니니까.

이제까지 학교는 아이들에게 생각할 기회를 많이 주지 않았다. 강의 위주의 수업은 더욱 그렇다. 수업 시간에 반드시 한 번 이상 아이들이 생각하게 해야 한다. 교사는 더 이상 수업에서 지식을 알려주는 역할만 해서는 안 된다. 이미 그런 지식은 교과서나 인터넷만으로도 충분하다. 유명한 인터넷 강사들보다 강의를 더 잘하기는 쉽지 않다. 현대 사회에 필요한 것은 지식이 아닌 문제해결력이며, 이는 생각에서 비롯된다. 교사는 적절한 과제와 질문을 통해 생각할 기회를 제공해야 한다.

대부분의 교사는 학생들에게 질문을 한 후 채 3초도 기다려주지 않고 자신이 대답을 해버린다. 교사가 질문을 하고 기다려주지 않으면 학생들은 생각하지 않는다. 교사가 금방 정답을 이야기할 것을 알고 있기 때문이다. 조벽 교수는 《명강의 노하우&노와이》에서 선생님이 질문하고 스스로 답하는 강의는 최하급 강의라고 이야기한다. 이어서 선생님이 질문하고 학생이 답하면 조금 발전한 강의, 학생이 한 질문에 선생님이 답하면 바람직한 강의, 최상급 강의는 학생이 한 질문에 다른 학생이 답하도록 유도하는 것이라고 말한다.

학생들이 생각하고 내놓은 답변의 질을 높이기 위해서 필요한 시간은 그리 길지 않다. 더그 레모브(Doug Lemov)의 《최고의 교사는 어떻게 가르치는가》에 의하면 학생들에게 질문한 후 3~5초 정도 기다려줄 때, 다음과 같은 일들이 벌어졌다고 한다.

- 학생들은 더욱 적극적으로 반응했고 정답을 맞히는 확률도 증가했다.
- "잘 모르겠어요"라고 하면서 포기하는 학생의 수가 줄어들었다.
- 답을 말하겠다고 자발적으로 손을 드는 학생이 많아졌다.
- 답의 이유를 제시하는 정도가 증가했다.

유대인 교사가 수업 시간에 가장 많이 하는 이야기는 "마따호쉐프"이다.[1] 유대인 아이들은 처음 공부를 시작할 때부터 이 말을 접한다고 한다. 이는 "너의 생각은 무엇이니?"라는 말이다. 가르친 내용을 잘 이해했는지를 묻는 우리와는 다르다. 한 아이가 대답하면, 다른 아이의 생각을 또 묻는다. 교사는 끊임없이 "마따호쉐프"를 외치며 학생들이 자신의 생각을 이야기하게 한다. 그리고 교사는 그 대답들을 연결하고, 학생들은 친구들의 대답을 들으면서 다시 자신의 생각을 한다.

교사의 강의만 한 시간 내내 듣는 수업에서 학생들은 생각하지 않는다. 교사는 토론이나 해결 과제 제시, 이유 찾기, 구체적 사례 찾기, 질문 만들기 활동 등을 통해 학생들을 생각하게 해야 한다. 21세기에 요구되는 창의성이나 문제해결 능력을 키우기 위해서는 깊이 생각하는 훈련이 필요하다. 그리고 수업에서 이것이 이루어져야 한다.

2. 말하기

모든 학생이 수업 시간 동안 한 번은 말하게 해야 한다. 일반적인 발표 수업에서는 소수의 학생만 말하고 질문한다. 모둠 수업에서 토론할 때는 말을 하지 않는 무임승차자가 발생할 가능성이 많다. 이때 교사는 수업 중 모든 학생이 자신의 생각을 말로 표현하게 해야 한다. 학생들은 생각을 말로 표현하는 과정

1. KBS, 〈공부하는 인간〉, 2013

에서 자신이 아는 내용과 모르는 내용을 명확히 구분하게 되고, 자신의 생각을 정리할 수 있다. 상대의 말을 듣는 과정에서 경청의 자세가 길러지고, 상대방의 생각과 자신의 생각을 비교하고 종합하게 된다. 교사도 학생의 이해도를 확인할 수 있어 수업 운영에 도움이 된다.

EBS에서 실험을 통해 '말하기 공부법'의 중요성을 입증한 적이 있다.[2] 조용한 공부방과 말하는 공부방으로 구분하여 각각 8명의 대학생을 대상으로 서양사의 한 부분을 공부하게 했다. 칸막이가 쳐진 조용한 공부방에서는 모두 밑줄을 치며 혼자서 열심히 공부했다. 한편, 말하는 공부방에서는 서로 묻고 설명하며 상대방의 말을 경청해가며 공부하는 모습을 보였다. 세 시간 뒤 문제를 풀이한 결과, 말하는 공부방의 성적이 훨씬 높았다.

[표1] 공부방별 성적 비교

구분	단답형 평균	수능형 평균	서술형 평균	전체 평균
조용한 공부방	6	17	23	48
말하는 공부방	12	21	42	76

이를 두고 아주대학교 김경일 교수는 인지 심리학의 관점에서 당연한 결과라며 메타인지를 가지고 설명한다. 우리가 일반적으로 하는 생각을 '인지'라고 한다면, 이러한 인지를 바라보는 또 다른 눈이 '메타인지'이다. 즉, 나의 사고를 객관적으로 바라보는 또

2. EBS, 〈EBS 다큐프라임, 왜 우리는 대학에 가는가〉 '5부 : 말문을 터라', 2014

하나의 눈인 것이다.

메타인지 능력을 향상시키는 방법이 바로 설명, 즉 말하기라고 한다. 설명을 통해 내가 아는 것과 모르는 것의 구분이 명확해지고, 내가 알고 있는 지식들이 인과 관계를 그리면서 정리된다. 듣기만 하면서 지식을 집어넣는 것과는 달리 말로 설명하면 메타인지가 작동하여 내가 아는 것과 모르는 것, 필요한 것과 필요 없는 것이 정리되는 것이다.

메타인지 이론에 의하면 강의식 수업에서 가장 열심히 공부하는 사람은 교사일 수밖에 없다. 말하면서 설명하는 과정을 통해 지식을 체계화하는 것이다. 하지만 수업에서는 교사가 얼마나 가르쳤는가보다 학생들에게 얼마나 배움이 일어났느냐가 중요하다. 이를 위해서는 교사에 의한 주입식 강의보다는 수업 시간에 학생이 말하고 설명하게 해야 한다.

말하기 위해서는 생각을 체계화해야 하며, 기존의 정보를 종합하고, 기억을 떠올려야 한다. 이는 배운 내용을 장기기억하게 하는 역할을 한다. 또한 수업 시간의 말하기 훈련은 자연스럽게 발표력과 토의·토론 능력의 향상으로 이어진다. 아울러 대학 입시의 면접에서 큰 도움을 받았다는 학생들이 많다.

말하기와 듣기는 동시에 이루어진다. 듣기는 말하기와 함께 의사소통의 가장 기본적인 활동이다. 아이들은 말하기를 통해 스스로 듣기의 중요성을 깨닫는다. 상대의 이야기를 집중해서 듣는 가운데, 공감과 배려가 이루어진다. 또한 질문으로 이어져서 자연스럽게 토론 활동으로 연결된다. 학생 참여 수업에서 말하기를 통해 생각의 차이를 인정하고, 상대의 의견을 받아들이는 경청의 자세를 기를 수 있는 것이다.

3. 글쓰기

소설가 존 디디온은 “나는 내가 생각한 것을 알기 위해 글로 적는다”라고 말했다. 이렇듯 글을 적는 과정에서 자신의 생각이 명료해진다. 생각한 것을 친구에게 말하고, 말한 것을 다시 글로 쓰는 과정에서 생각의 질이 높아지고, 공부한 내용을 다시 한 번 기억하게 되는 것이다. 따라서 생각하고 말한 것을 반드시 글로 쓰게 해야 한다.

현대 사회에서 대부분의 평가는 글로 이루어진다. 서술형 평가, 논술형 평가, 수행평가, 과정 중심 평가뿐만 아니라 대학에서의 시험과 논문, 회사에서의 보고서 등 자신의 능력을 입증하는 대부분의 자료가 글을 통해 표현된다.

이에 반해, 요즘 아이들은 글쓰기에 익숙하지 않다. SNS의 발달로 인해 스마트폰으로 짧게 의사소통하는 것이 대부분이다. 따라서 수업 시간에 자신의 생각과 토론 결과 등을 글로 쓰게 하는 것은 매우 중요하다. 예를 들면 국어 시간에 소설을 읽고 주인공에게 편지 쓰기나 감상문 쓰기, 한국사 시간에 임금에게 상소문 쓰기나 역사 뉴스 보도 자료 만들기, 사회 시간에 사회 문제에 대한 신문 사설 쓰기, 윤리 시간에 찬반 토론 후 자신의 생각을 논술하기, 교과서나 자료의 그림이나 표를 분석하여 글로 쓰기, 배운 내용 요약하기 등의 다양한 쓰기 활동을 할 수 있다.

필자는 생각하고 말한 것을 반드시 활동지에 글로 쓰게 한다. 그리고 이 활동지를 바탕으로 과정 중심 평가를 한다. 학생들이 수업 시간에 집중하지 않다가도 활동지에 쓰는 시간이 되면 다시 집중하는 모습을 많이 볼 수 있다. 수시 모집에서 70퍼센트 이상을 뽑는 현 입시제도에서 과정 중심 평가를 통해 학생들의 수업 참여도를 높일 수 있다.

4. 협력하기

학생 참여 수업의 완성은 '협력하기'에서 비롯된다. 거꾸로 교실, 배움의 공동체, 협동학습, 하브루타 등 다양한 학생 참여 수업의 공통점은 혼자 공부하는 것이 아니라 협력한다는 것이다.

이제까지 우리나라의 공부는 경쟁이었다. 혼자 열심히 해서 많이 외우고 좋은 성적을 받는 것이 공부의 목표였다. 하지만 앞으로의 공부는 협력이어야 한다. 함께 문제를 해결하면서 서로 성장하는 공부여야 한다.

빠르게 변화하는 시대에서 얼마나 많은 지식을 알고 있느냐는 중요하지 않다. 변화에 대처하고, 새로운 문제를 해결하는 것이 훨씬 중요하다. 그리고 이는 혼자 하는 것보다 함께하는 것이 훨씬 유리하다.

이제 교사는 교실에서 학생들에게 협력의 장(場)을 제공해야 한다. 모둠별로 역할을 주어 함께 문제를 해결하는 수업, 주제에 대해 각자의 다양한 생각을 하나로 모으는 수업, 자신이 알고 있는 지식을 친구에게 가르쳐주는 수업이 되어야 한다. 이를 통해 진정한 교실 공동체를 만들 수 있다. 수업에서 협력이 이루어질 때 학생들은 흥미를 가지고 수업에 몰입할 수 있다. 또한 활발한 의사소통 가운데 창의성을 발휘할 수 있다. 아울러 교사들은 학생 한 명, 한 명의 새로운 가치를 발견할 수 있다.

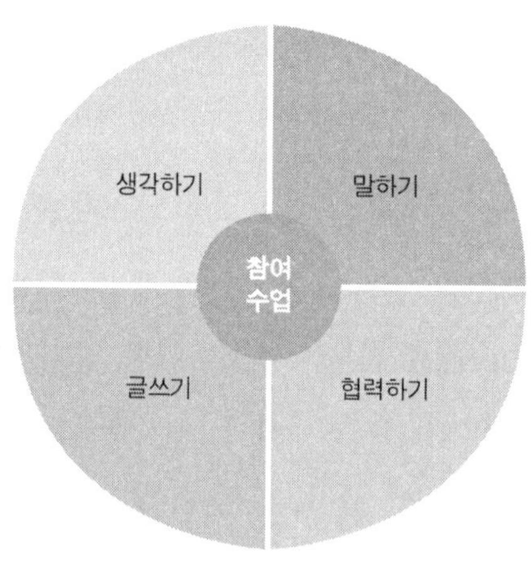

[그림1] 학생 참여 수업의 네 가지 요소

이상에서 살펴보았듯이 학생 참여 수업을 위해서 수업 시간마다 '생각하기–말하기–글쓰기'가 연결되어야 한다. 아울러 교사들은 학생들이 서로 '협력'할 수 있는 여건을 조성해야 한다. 교사의 강의를 듣고, 필기하고, 외우는 수업만으로는 더 이상 현대 사회와 대학 입시에서 요구하는 창의력과 문제해결 능력을 키울 수 없다.

이러한 생각하기–말하기–글쓰기가 연결되는 가운데 협력이 일어나는 학생 참여 수업의 사례를 〈3장〉~〈7장〉까지 다음의 다섯 가지 유형으로 소개한다.

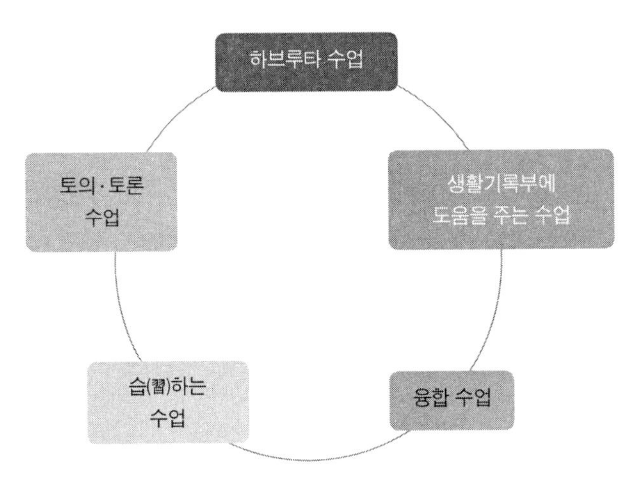

[그림2] 학생 참여 수업의 사례

3장

하브루타 수업

에디슨, 마르크스, 피카소, 프로이트, 빌 게이츠, 하워드 슐츠(스타벅스 CEO), 마크 저커버그(페이스 북 CEO). 이 사람들의 공통점은 무엇일까?

모두 유대인이다. 또 다른 공통점은 세상을 변화시킨 사람들이라는 것이다. 에디슨은 밤을 낮으로 변화시켰다. 마르크스의 공산주의 이상은 비록 실패했지만 현재 유럽의 민주사회주의의 뿌리이기도 하며, 자본주의 국가의 복지 정책에 영향을 주었다. 피카소는 사실주의나 인상주의 미술을 입체파로 변화시켰고, 프로이트는 무의식을 도입하여 심리학을 변화시켰다. 빌 게이츠는 윈도우를 통해 모든 사람이 컴퓨터를 손쉽게 사용하도록 만들었다. 하워드 슐츠는 스타벅스를 통해 세상의 커피 문화를 송두리째 바꾸었다. 마크 저커버그는 페이스 북을 통해 소셜네트워크서비스(SNS)를 선도하고 있다.

실제 유대인의 활약은 놀랍다. 전 세계 유대인은 1,700만 명으로 우리나라 인구의 절반에도 못 미치며, 세계 인구의 0.2퍼센트에 불과하다. 하지만 역대 노벨상 수상자의 22퍼센트가 유대인이다. 심지어 2013년에는 12명 중 절반이 유대인이었다.[1] 또한 하버드, 예일대 등 아이비리그 학생의 23퍼센트가 유대인이며, 미국 억만장자의 40퍼센트를 차지하고 있다. 그리고 미국 30대 기업 중 유대인이 설립했거나, 유대인 자본으로 움직이는 기업이 12개이다. 이처럼 미국의 정치, 경제, 문화를 움직이는 많은 사람이 유

1. EBS, 〈EBS 다큐프라임, 왜 우리는 대학에 가는가〉 '5부 : 말문을 터라', 2014

대인이며, 이러한 유대인의 공부법이 바로 '하브루타'이다.

하브루타는 우리나라의 공부와는 차이가 있다. 우리는 교사의 강의를 듣거나, 조용히 앉아서 책을 읽고, 암기를 한다. 우리나라 공부는 성적 향상에 목표가 있고, 시험이 끝난 후에는 의미를 상실하는 경우가 많다. 공부는 단지 개인의 성공과 연결될 뿐이다. 그에 비해서 유대인은 둘이서, 큰 소리로 논쟁하며 공부한다. 이는 성적이 아닌 실력을 낳고, 개인의 성공이 아닌 사회를 변화시키는 원동력이 되는 것이다. 우리나라와 유대인의 공부법을 다음과 같이 비교할 수 있다.

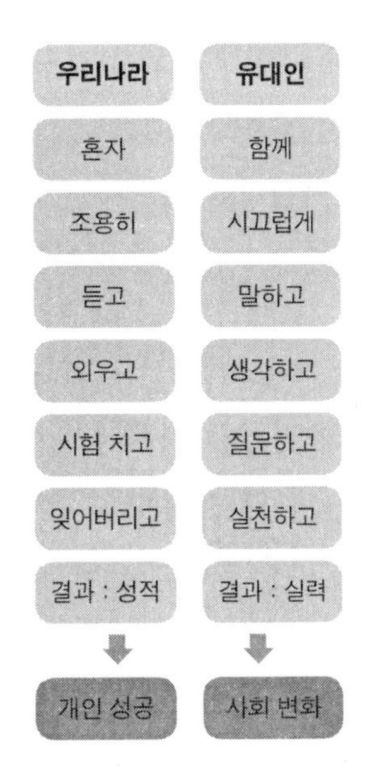

[그림1] 우리나라와 유대인의 공부법 비교

우리나라에서 하브루타가 확산된 데는 부천대학교 전성수 교수의 노력이 크다. 그는 이스라엘 유학 이후 하브루타를 우리나라에 도입했고, 하브루타 관련 도서 저술과 강연을 계속하고 있으며, 연구회 활동 등을 활발하게 하고 있다.

현재는 전국적으로 다양한 하브루타 연구회가 확산되고 있으며, 교육청 단위의 연수도 늘어나고 있다. 하브루타는 시대 변화와 교육 풍토 개선에 대한 요구와 맞아떨어져 우리나라 교실 수업 개선을 위한 변화의 바람을 선도하고 있다.

필자 역시 전성수 교수의 강의를 들은 후 《질문이 있는 교실, 중등편》을 통해 하브루타 수업을 결심했다. 책을 읽으며 하브루타 수업으로 학생 참여 수업이 가능하다는 것을 깨달았다. 이 책을 다 읽고 일주일 뒤에 질문 만들기 활동을 중심으로 공개 수업을 했다. 마침 진도가 서양 윤리에서 소크라테스를 다룬 단원을 나가는 중이었다. 소크라테스의 대화법과 하브루타 간에 다소 연관성이 있어 첫 번째 하브루타 수업으로 좋은 주제였다. 다른 공개 수업에 비해 준비할 것이 훨씬 적었다.

학생들에게 짧은 강의를 한 후 학생들이 교과서를 읽고, 질문을 만들고, 짝과 질문에 대해 대화하고, 질문과 답변 내용을 활동지에 적게 했다. 이 과정에서 학생들의 참여가 활발했고, 참관 선생님들의 반응도 좋았다.

이후 교내 수업 동아리를 통해 하브루타를 확산했으며, 교육청의 지원을 받아 하브루타 수업 탐구 공동체를 조직했다. 현재는 교사들 간에 자발적인 수업 공개와 협의회, 외부 강사 특강 등을 통해 필자가 근무하는 고등학교에서는 하브루타 수업을 하는 교사가 늘고 있다.

1. 하브루타란?

하브루타는 둘이서 같은 장소에서, 같은 텍스트를 두고, 질문하고 논쟁하는 학습법이다. 이스라엘의 유대 전통 도서관 예시바에서는 토라, 탈무드 등의 경전을 놓고 2인 1조로 큰 소리로 논쟁한다. 친구에게 배우면서, 친구를 가르치는 일종의 토론 방법이다. 유대인 격언 중에 "말로 표현할 수 없으면 모르는 것이다"라는 말이 있다. 생각을 말로 표현하고, 친구에게 설명하는 과정에서 자신의 사고가 명확해지고, 배운 것을 기억하는 데 도움이 된다.

우리와 유대인 교육은 교사의 역할에서 차이가 있다. 우리는 설명을 하고, 유대인 교사는 질문을 한다. 우리나라의 교사는 강의를 중심으로 한다. 교재의 내용을 재구성하여 학생들이 이해하기 쉽게 전달하는 역할을 하는 경우가 많다. 그리고 시험에 나오는 내용을 중심으로 가르쳐준다. 이에 비해 하브루타 수업에서 교사는 학생들의 생각을 이끌어내는 질문을 많이 한다. 〈2장〉에서 언급한 '마따호쉐프', 즉 '너의 생각은 무엇인가?'를 묻는 것이다. 답을 가르쳐주는 것이 아니라 질문을 통해 학생들이 스스로 답을 찾

교사와 학생이 함께 쉬우르의 시간을 갖는 모습

아낼 수 있도록 유도한다.

또한 학생들끼리 논쟁 후 교사가 중심이 되어 정리하는 '쉬우르'라는 시간을 갖는다. 쉬우르는 교사가 전체 학생을 대상으로 정리하는 것을 말한다. 교사는 질문을 통해 학생들이 생각할 수 있도록 이끌어준다. 또한 학생들이 선정한 질문을 전체 토론으로 확대하여 전개할 수도 있다. 그리고 학생들이 꼭 알아야 할 내용 등을 학생들이 정리할 수 있도록 도와주는 역할을 한다. 다음은 하브루타 수업 후 학생들의 소감을 적은 글이다.

"유익하고 재미난 시간이었고 친구들의 의견을 들을 수 있어 좋았으며, 앞으로 이런 시간이 많았으면 좋겠습니다. 솔직히 자고 싶었지만 친구에게 피해가 될까 봐 자지 못했습니다."

"질문을 찾으려고 하다 보니까 내용을 계속 되뇌게 되고, 그러다 보니 수업 시작할 때 들은 내용을 수업 끝날 때까지 기억하고 있어서 놀랐습니다."

2. 하브루타 수업의 장점

21세기 인재에게 필요한 능력을 4Cs로 표현한다. 문제에 대해 자신의 안목을 가지는 비판적 사고(Critical Thinking), 남과 다른 생각을 하는 창의성(Creativity), 경청하고 공감하는 의사소통 능력(Communication), 함께 일하는 협업 능력(Collaboration)이 바로 그것이다.[2]

[그림2] 21세기 인재에게 필요한 능력

2. 《금강일보》, 2017년 5월 25일 재인용

이러한 능력은 단순히 읽고, 듣고, 외우는 것만으로는 습득할 수 없다. 하브루타 수업은 4Cs 함양에 좋은 학습 방법이다. 질문하고 논쟁하는 가운데에 비판적 사고와 창의성을, 짝 활동과 모둠 활동을 통해 의사소통 능력을, 함께 문제를 해결하는 과정에서 협업 능력을 기를 수 있다. 교사로서 현장에서 직접 수업하면서 느낀 하브루타의 장점은 다음과 같다.

첫째, 교사 입장에서 수업 준비를 위한 별도의 추가 부담이 없다. 학생 참여 수업을 위해서는 수업 전에 교사가 다양한 준비를 해야 한다. 거꾸로 수업을 위해서는 디딤 영상을 만들고, 수업에 사용할 자료를 제작해야 한다. 또한 단원과 주제에 맞는 학생 참여 활동을 구상하기 위해 고민해야 한다. 실제 최근의 교과서는 대부분 '생각하기', '탐구활동' 등 학생 활동을 포함한다. 하지만 막상 교사가 그 활동을 수업 시간에 하려면 실효성 등이 고민되면서 내키지 않는 경우가 많다.

필자는 고등학교에서 '생활과 윤리' 과목을 가르치면서, 5종의 교과서 중 세 가지 교과서를 참고한다. 그중 가장 적합하다고 생각하는 학생 활동을 수업 시간에 적용한다. 어쨌든 하나의 학생 활동을 위해서 교사는 많이 고민해야 한다.

하지만 하브루타는 교사의 이런 수고를 줄여준다. 디딤 영상을 만들 필요도, 단원에 맞는 학생 활동을 고민할 필요도 없다. 교과서를 읽게 하고, 질문을 만들게 하고, 짝과 토론하게 하면 된다.

둘째, 학생 입장에서 수업 시간 외 별도의 과제가 없다. 거꾸로 수업을 위해선 학생들은 미리 디딤 영상을 보고 와야 한다. 거꾸로 수업을 꺼려하는 교사들의 가장 큰 고민이 이 부분이다. 수업 시간에도 잘 듣지 않고 딴짓하는 학생들이 과연 동영상을 보고 올 것인지가 걱정인 것이다.

토론 수업을 위해서도 학생들은 미리 입론과 근거, 예상 반론과 재반박 등을 조사해야 한다. 그리고 조사를 위한 인터넷 검색이나 관련 자료 수집도 수업 시간에 해결하기 곤란하다. 프로젝트 수업의 경우도 수업 시간에 모든 활동이 이루어지기 어렵다.

하지만 하브루타는 학생들의 이런 수고를 덜어준다. 수업 시간에 교과서를 읽으면서 질문을 만들고, 토론하면 된다.

셋째, 수업 시간에 교과서 활용도가 높다. 입시 위주의 고등학교 수업에서는 교과서의 역할이 줄 수밖에 없다. 특히 EBS 연계율이 높은 수능을 준비해야 하는 고3 교실에서는 교과서가 사라진 지 오래이다. 교과서를 주문만 해놓고, 정작 수업 시간에는 수능 특강 등의 연계 교재로만 수업하는 경우가 대부분이다. 수업 시간에 학생들에게 교과서를 읽게 하면 진도 맞추기가 어렵다.

하브루타 수업의 기본은 텍스트를 바탕으로 한 질문 만들기이다. 따라서 고3 교실에서도 학생들이 교과서를 읽고, 질문을 만들고, 친구 가르치기를 한다. 개인적으로 이것이 하브루타 수업의 가장 큰 장점이라고 생각한다.

넷째, 무임승차자가 발생하지 않는다. 모둠 활동을 하는 교사의 가장 큰 고민 중 하나가 무임승차자 문제이다. 무임승차자를 없애기 위해 각자의 역할을 부여하는 등의 노력을 해보지만 실제 활동에서는 무임승차자가 발생하는 경우가 많다.

하브루타 수업은 기본적으로 짝 활동이 중심이다. 모둠 활동은 기본이 4명이기 때문에 1~2명이 소외될 수 있다. 하지만 짝 활동이 중심인 하브루타는 2명이 질문을 만들고 논쟁하기 때문에 소외자가 발생하기 어렵다. 특히 질문 만들기 수업의 경우 개별 활동과 짝 활동을 거치는 과정에서 자신의 생각을 활동지에 적고, 이를 친구와 논쟁해야 한다. 또한 친구 가르치기 활동도 1명이 설명하고, 1명이 듣는다. 무임승차자가 발생하기 어려운 구조이다. 모든 학생이 생각하고, 모든 학생이 말하고, 모든 학생이 글을 쓰는 수업인 것이다.

다섯째, 과정 중심 평가와 연계 효과가 높다. 하브루타는 모집인원의 70퍼센트 이상을 수시 모집으로 선발하는 현행 대학 입시의 현실에서 수업 시간 내에 이루어지는 과정 중심 평가를 통해 학생들의 참여도를 높일 수 있다. 필자는 고등학교 3학년 수업에서 하브루타 수업을 적용하면서 활동 내용을 과정 중심 평가에 반영했다. 교사가 강의할 때 졸던 학생들도 활동지를 적는 시간만큼은 잠을 깨어 적는 경우가 대부분이다. 개별 활동-짝 활동-모둠 활동을 활동지에 적게 하고 수업 시간마다 이를 평가했다. 세부 내용에 대한 평가보다는 과제 수행 여부에 초점을 맞추어 평가하는 것이 바람직하다.

여섯째, 학습 내용을 오래 기억할 수 있다. 연구에 의하면 강의를 들은 후 24시간 후에 기억할 수 있는 내용은 5퍼센트에 불과하다고 한다. 그런데 토론을 하면 50퍼센트, 친구에게 설명하면 90퍼센트를 기억하게 된다고 한다. 지식을 친구에게 말하는 과정에서 알고 있는 것과 모르는 것을 깨닫는 메타인지가 향상되는 것이다. 하브루타는 교사의 강의를 들은 후 친구 가르치기, 교과서를 보면서 질문 만들기 활동 등을 통해서 수업 내내 반복과 복습이 이루어진다. 이는 장기기억에도 훨씬 도움을 준다.

일곱째, 수업 시간 내내 집중력을 유지할 수 있다. 켈러(Keller)는 ARCS 이론에서 학습동기의 특성을 주의집중(Attention), 관련성(Relevance), 자신감(Confidence), 만족감(Satisfaction)으로 구분했다. 이 중에 주의집중과 관련하여 학습자가 집중력을 유지할 수 있는 시간은 15분 내외라고 한다. 강의 효과는 첫 15분에 75퍼센트 정도 이해하고, 마지막 15분의 내용은 20퍼센트도 기억 못한다고 한다. 따라서 집중력을 계속 유지하기 위해서 15분에 한 번씩은 변화를 주어야 한다.

마인드맵의 창시자인 토니 부잔은 "성인은 90분을 이해하며 들을 수 있지만 20분만 기억하며 듣는다"라고 했다. 이를 바탕으로 밥 파이크는 《밥 파이크의 창의적 교수법》에서 90:20:8의 법칙을 주장한다. 어떠한 교육도 90분을 넘기지 않고, 20분마다 변화를 주며, 8분마다 사람들이 참여할 수 있는 방법을 찾아야 한다고 설명한다.

청소년은 성인보다 주의집중력이 더 짧으므로 수업 시간에 적

아이들이 짝을 지어 하브루타를 하는 모습

절하게 학생을 참여시켜야 한다. 고등학교 수업 50분을 15분에서 20분마다 세 조각으로 나누어 변화를 주고, 각 조각마다 적절하게 학생을 참여시키는 것이 효과적이다. 50분 내내 교사의 강의만 지속할 경우 학생의 입장에서는 뇌가 수용할 수 없게 된다. 마치 작은 양동이에 가득 찬 수돗물이 계속 넘치는 것과 같은 결과를 낳는다.

필자의 경우 15분 동안의 강의 이후 친구 가르치기, 교과서를 읽고 질문 만들기, 개별 활동-짝 활동-모둠 활동, 발표 및 전체 토론으로 이어간다. 하브루타는 적절한 변화와 학생 참여를 통해 수업 시간 내내 학생들의 집중력을 유지하게 한다.

3. 하브루타 수업 모형

전성수 교수는 유대인 학습법인 하브루타를 우리나라 교육 환경에 맞게 다음의 다섯 가지 수업 모형으로 제시했다.[3] 이후 하브루타 관련 도서 대부분은 전성수 교수의 다섯 가지 수업 모형을 따르고 있으며, 필자의 수업도 기본적으로 이를 바탕으로 한다.

- 질문 중심의 하브루타
- 논쟁 중심의 하브루타
- 비교 중심의 하브루타
- 친구 가르치기 하브루타
- 문제 만들기 하브루타

원래 하브루타는 같은 텍스트를 읽고, 2명이 서로 질문하고 논쟁하는 공부법이다. 하지만 실제 수업에서의 하브루타는 토의와 토론은 물론 교사와 학생 상호 간의 모든 대화까지를 포함한다. 우리나라 수업에서 하브루타는 기본적으로 '개별 활동-짝 활동-모둠 활동-발표 및 쉬우르'의 순서로 진행한다.

- 1단계 개별 활동 : 개별적으로 교재를 보면서 질문을 만들거나, 논쟁의 근거를 생각하는 단계이다. 본격적 하브루타인 짝 토론을 하기 전 주제에 대해 각자가 생각하는 시간이다. 일반적인 모둠 토론 수업에서는 학습에 소극적인 학생의 경우 적극적인 참가자에 의해 자신의 생각을 표현할 기회를 상실하는 일이 많다. 하지만 개별 활동을 하면서 다음 단계인 짝 활

3. 전성수, 《최고의 공부법 유대인 하브루타의 비밀》, 경향비피, 2014

동으로 넘어가기 위해 모든 학생은 생각하고, 그 내용을 활동지에 적는다. 개별 활동은 〈2장〉에서 밝힌 학생 참여 수업의 네 가지 요소에서 첫 단계인 '생각하기'를 하는 단계이다.

- 2단계 짝 활동 : 본격적인 하브루타 단계로 2명이 짝을 지어 토론한다. 1단계에서 한 개별 활동을 바탕으로 각자의 생각을 나눈다. 서로 이야기하고, 질문하고, 논쟁하면서 좋은 내용을 뽑는다. 만약 개별 활동에서 각각의 질문을 한 개씩 만들었다면, 두 개의 질문 중 좋은 질문을 한 개 선택한다. 이 과정에서 자신의 생각을 이야기하고, 질문과 논쟁이 이루어진다. 일반적인 발표 수업에서는 일부 학생만이 말을 하게 되지만, 자신의 생각을 짝에게 설명하고, 토론하는 과정에서 모든 학생의 말하기와 발표가 이루어지는 셈이다. 이는 일반적인 토론이나 발표 수업에서 나타날 수 있는 무임승차자를 방지할 수 있다. 짝 활동은 〈2장〉에서 밝힌 학생 참여 수업의 네 가지 요소에서 둘째 단계인 '말하기'를 하는 단계이다.
- 3단계 모둠 활동 : 원래 유대인의 하브루타는 짝 활동이 기본이다. 하지만 우리나라 교육 환경에 맞게 짝 활동을 확대한 것이 모둠 활동이다. 일반적으로 4명이 하나의 모둠을 이루는데, 짝 활동을 통해 만든 질문이나 근거를 다시 모둠에서 논쟁을 거쳐 좋은 내용을 뽑는 단계이다. 즉, 짝 활동에서 각각 한 개의 질문이나 근거가 나왔다면 모둠 활동에서는 그 두 가지 중 좋은 질문이나 근거를 선택한다. 짝 활동과 모둠 활

개별 생각

짝 토론

모둠 토론

쉬우르

동을 거치는 과정에서 내용이 다듬어지고, 훨씬 수준 있는 내용의 발표가 가능해진다.

- 4단계 발표 및 쉬우르 : 모둠 활동을 통해 선택된 질문이나 근거를 칠판에 판서하고 발표한다. 발표 후 학생들 간에 질문이나 전체 토론으로 이어지기도 한다. 교실에서는 일반적으로 8~9개의 발표가 이루어진다. 각 발표마다 토론으로 연결하는 것보다 모둠별 발표 내용을 각각 판서한 후 중복된 내용은 통합하는 것이 효과적이다. 쉬우르는 교사가 중심이 되어 질문과 토론으로 연결시키거나, 정리를 해주는 단계이다.

그리고 매 단계마다 항상 생각하고, 토론한 내용을 다음과 같은 활동지에 쓰게 한다. 〈2장〉에서 밝힌 학생 참여 수업의 네 가지 요소에서 셋째 단계인 '글쓰기'를 하는 것이다. 기록하는 과정에서 생각이 명확하게 정리된다. 또한 이 활동지는 과정 중심 평가의 근거가 되고, 학생들의 참여를 유도하는 역할을 하게 된다. 이처럼 하브루타 수업을 통해 의사소통과 협력, 실패에 너그러운 유연함, 토론 및 발표력 등이 향상된다.

다음은 전성수 교수의 하브루타 수업 기본 모형을 바탕으로 필자와 수업 동아리 교사가 고등학교 수업에서 실시한 여덟 가지 하브루타 수업 사례와 절차이다.

- 질문 만들기 하브루타
- 과제 해결 하브루타
- 친구 가르치기 하브루타
- 논제 만들기 하브루타
- 근거 만들기 하브루타
- 문제 풀이 하브루타
- 고3 교실에서의 하브루타
- 하브루타를 활용한 논술 심화 수업

〈활동지 샘플〉

하브루타 활동지	
학번	학년　　반　　번　　이름
나의 생각	
짝 토론	
모둠 토론	
최종 입장	
배우고 느낀 점	

4. 질문 만들기 하브루타

가장 기본적인 하브루타 활동이다. 하브루타는 원래 탈무드 등의 텍스트를 두고 2명이 서로 질문하고 논쟁하면서 공부하는 것이다. 국어 시간에 시나 소설을 읽고 질문을 만들고, 사회 시간에 교과서를 읽고 질문을 만드는 것도 가능하다. 미술 시간에 그림이나 조각 작품을 감상한 후 질문을 만드는 것도 가능하다. 암기 위주의 공부에서 벗어나 질문 만드는 과정을 통해 학생들은 깊이 있게 교재를 읽거나, 주의 깊게 사물을 관찰하게 된다.

질문 만들기는 텍스트를 읽는 과정에서 기본적인 정보를 습득하게 한다. 뿐만 아니라 의미 있는 사고가 이루어지면서 창의력이 키워진다. 질문을 짝과 이야기하는 과정에서 자신이 정확히 아는 것과 모르는 것을 깨닫는 메타인지가 길러진다.

막상 질문 만들기 하브루타를 하면 많은 교사가 학생들의 질문 수준을 고민한다. 학생들이 질문 만들기에 어려움을 느끼거나, 너무 단편적인 대답을 요구하는 질문이 많아 하브루타 본래의 의미를 살리기 어렵다는 것이다. 이런 어려움을 해결하기 위해서는 글 안에서 질문을 찾고, 자신의 언어로 표현하는 연습을 해야 한다. 이러한 방법을 '질문 생성 전략'이라고 한다. 학생이 질문하기 어려워하면 교사가 시범을 보이거나 연습할 기회를 제공하여 낯선 활동에 대한 부담을 줄여줄 수 있다.[4] 과정은 다음과 같다.

1. 질문의 유형을 교사가 학생들에게 설명한다.
2. 연습을 위해 읽기 자료와 그 자료로부터 제기된 질문들을 함께 읽고 학생들이 그 질문들을 분류하고 각각에 답하게 한다.
3. 학생들은 스스로 자신이 읽은 글을 가지고 서로 다른 유형의 질문들을 제기하고, 그에 대한 답을 찾아본다.

다양한 질문 생성 전략 가운데 라파엘(Raphael)의 '질문-대답 관계(Question and Answer Relation)' 모형[5]을 소개한다. 이는 유미경 수석교사의 '라파엘(QAR)로 수업하기 연수'를 통해 알게 된 전략으로 질문을 분류하고 연습하는 방법을 통해 질문 생성 능력을 함양할 수 있다.[6] 수업에서는 단계별 질문 내용을 활동지에 적도록 하는 것이 효과적이다.

- 1단계 : '바로 거기에' 질문이다. 텍스트의 내용을 확인하는 질문으로 답이 텍스트의 문장 안에 담겨 있어서 글의 구조를 따지지 않더라도 답할 수 있는 질문을 말한다. 예를 들어 사람, 장소, 대상, 사건 등의 사실 내용을 확인하기 위한 질문,

4. 서울중등수석교사회, 〈질문이 있는 교실 중등 수석교사 수업 사례집〉, 서울특별시교육연수원, 2015, p. 3
5. *Teaching Question Answer Relationships*, Raphael, revisited, The Reading Teacher, 1986, p. 516-522
6. www.readingquest.org

낱말과 구의 의미를 묻는 질문, 글의 핵심어를 묻는 질문이 이에 해당한다.

- 2단계 : '생각하고 탐색하기' 질문이다. 텍스트의 여러 부분들을 결합해야 답할 수 있다. 즉, 저자가 말하려는 주장이나 근거를 묻는 질문이다. 예를 들어 '주인공이 ○○ 상황에서 화를 낸 이유는 무엇인가?', '이 글의 주제는 무엇인가?', '이 글은 무엇에 관해 설명하고 있는가?', '설명을 위해 어떤 근거나 예를 제시하고 있는가?', '주인공의 삶을 한마디로 요약한다면?', '이들 사이의 차이점과 공통점은 무엇인가?' 등의 생각과 탐색이 필요한 질문이다.
- 3단계 : '저자와 나 사이의' 질문이다. 나의 선행 지식이나 경험, 텍스트 안의 근거를 함께 활용해야 답할 수 있는 질문이다. 예를 든다면 '저자가 주인공을 통해 말하고자 하는 바는 무엇인가?', '이 그림이나 그래프를 통해 무엇을 말하고자 했는가?', '소설에서 저자는 왜 이렇게 결론지었을까?', '왜 저자는 이 문제에 관심을 가졌을까?', '이 글의 주인공은 어떤 사람인가?', '차라리 이것이 더 낫지 않은가?' 등 답이 명시적으로 주어지지 않아 보다 추론적 사고를 통해서만 답할 수 있다.
- 4단계 : '나 자신에게' 질문이다. 주제에 대한 자신의 최종 생각이나 주장을 확인하는 질문이다. 예를 들어 '내가 주인공이라면 어떻게 할 것인가?', '문제에 대한 나의 생각은?', '문

제해결을 위한 가장 좋은 방법은 무엇이라고 생각하는가?'와 같이 반드시 자신의 생각이나 의견을 사용해야만 답할 수 있다. 3단계와 같이 추론적 사고가 필요하며, 이를 통해 자신의 최종 생각을 정립하게 된다.

질문 중심 하브루타 수업의 절차는 다음과 같다.

- 1단계 개별 활동 : 개인별로 질문 만들기 활동을 한다. 교재를 보고 질문을 만든다. 이때 가능한 여러 개의 질문을 만들게 하는 것이 효과적이다. 한두 개의 질문을 만들게 하면 기본 개념을 묻는 질문, 깊이 생각하지 않는 질문을 만들 가능성이 크다. 하지만 많은 질문을 만들게 하면 학생들은 깊이 있게 교재를 읽게 되고, 고민하는 과정에서 다양한 사고가 이루어진다. 학생들은 주어진 문제보다 내가 찾고 발견하는 재미를 알게 된다.
- 2단계 짝 활동 : 개별 활동을 통해 만든 질문을 짝에게 설명한다. 상대방이 만든 질문을 읽고 그중 가장 좋은 질문 한 개를 선택해 서로의 생각을 이야기한다. 그리고 각각 선택한 두 개의 질문 중 짝 활동을 통해 좋은 질문을 선정한다.
- 3단계 모둠 활동 : 각각의 짝 활동을 통해 선정된 두 개의 질문 중 좋은 질문을 모둠별로 한 개씩 선택한다. 그 질문으로 모둠 토론을 한다. 2, 3단계를 거치면서 선택된 질문 내용을

재구성하고 정교화한다. 이 과정에서 의사소통과 협력, 토론과 논쟁 등이 자연스럽게 이루어진다.

- 4단계 발표 및 쉬우르 : 모둠별로 가장 좋은 질문을 만든 학생이 판서하고 발표한다. 이 과정에서 질문에 대해 학생들의 자유로운 발표 및 토론이 이루어진다. 그리고 질문에 대한 또 다른 질문이 이루어지기도 한다. 모든 모둠이 발표를 한 후 교사가 정리한다. 경우에 따라서 가장 좋은 질문을 한 개 선택해서 전체 토론을 심화 있게 전개할 수도 있다.

다음은 필자가 진행한 고3 서양윤리 수업에서 칸트와 공리주의에 대해 학생들이 만든 질문이다. 교사의 강의식 수업에서는 생각하기 어려운 다양한 질문이 만들어지고 있음을 알 수 있다. 이렇게 질문을 만들고 발표하는 과정에서 학생들은 교과서를 깊이 읽게 되고, 생각하면서 사고력과 창의력을 키울 수 있다.

- 칸트는 자연법을 옹호했을까?
- 자연적 경향성과 선의지는 겹칠 수 없을까?
- 칸트는 왜 선의의 거짓말도 비판할까?
- 칸트는 로스의 조건부 의무를 받아들일까?
- 조건부 의무는 결과적으로 공리주의가 아닌가?
- 벤담은 내적 제재를 언급하지 않았는가?
- 벤담은 눈앞의 마시멜로 한 개를 먹을까? 잠시 후 두 개를 먹을까?

- A국의 이익을 위해 B국의 이익이 무시되는 상황은 옳은가?
- 벤담의 쾌락 계산법이 주관적일 수 있는데 계산의 절대적인 기준은?

〈질문 만들기 하브루타의 수업 지도안〉

단원	Ⅲ-2 상대주의 윤리와 보편주의 윤리 (2) 소크라테스의 윤리 사상	일자		교사	이성일
		차시		장소	
학습 목표	1. 소크라테스 윤리 사상의 특징을 설명할 수 있다. 2. 상대주의 윤리와 보편주의 윤리의 특징을 비교할 수 있다.				

단계	지도 내용	교수 · 학습활동 내용	
		교수 내용	학습활동 내용
도입 15분	• 인사 • 전시 학습 • 동기 유발 • 학습 목표	- '소피스트' 하면 생각나는 것을 모두 적는다. - 〈EBS 5분사탐〉 소피스트와 소크라테스를 보여준다. - 학습 목표를 제시한다.	- 지난 시간 배운 내용을 기억해서 활동지에 적는다. - 동영상을 보면서 소크라테스의 삶을 생각한다. - 학습 목표를 따라 읽는다.
전개 30분	• 소크라테스 윤리 • 상대주의와 보편주의 윤리 • 질문 만들기 • 짝 토론 • 모둠 토론 • 발표	1. 보편적 · 절대적 윤리 2. 이성주의 윤리 3. 소피스트와 소크라테스 4. 상대주의 윤리와 보편주의 윤리 - '질문 만들기 하브루타'를 설명한다. - '짝 토론' 을 하게 한다. - '모둠 토론' 을 하게 한다. - 모둠별 발표를 하게 한다. 자유롭게 질문과 토론을 유도한다.	- PPT를 보면서 강의를 듣는다. - 강의를 들으면서 활동지의 빈칸에 주요 개념을 적는다. - 교과서를 보면서 질문을 만든다. - 질문에 관해 이야기하고 좋은 질문을 고른다. - 짝 토론으로 고른 질문에서 다시 좋은 질문을 선택한다. - 모둠별 질문을 발표한다. 발표에 대해 질문과 토론을 한다.
정리 5분	• 형성 평가 • 차시 예고	- 기출문제를 제공한다. - 차시 예고를 한다.	- 활동지의 문제를 풀이한다.

5. 과제 해결 하브루타

토의·토론 수업에서 브레인스토밍을 통해 모둠별로 도전 과제를 해결하거나 의견을 도출하는 경우가 많다. 과제 해결 하브루타는 이를 하브루타 식으로 바꾼 것으로, 강의 후 수업 내용과 관련한 모둠 과제를 제시한다. 이때의 과제는 혼자 해결할 수 있는 단순한 문제보다는 협동과 토론이 필요한 내용이 바람직하다.

교육심리학자인 비고츠키는 사람을 다른 사람과의 관계를 통한 작용에 영향을 받아 성장하는 사회적 존재로 정의한다. 그는 성공적인 교수·학습이 이루어지기 위해서는 근접발달영역(The Zone of Proximal Development) 내에서 적절한 교수 활동이 일어나야 한다고 주장한다. 근접발달영역은 남의 도움 없이 혼자서 과제를 처리할 수 있는 수준인 실제 발달 수준과 성인의 안내나 보다 능력 있는 또래와 협동하여 문제를 해결할 수 있는 잠재 발달 수준 사이의 영역이다. 아동이 발달하는 과정에서 혼자 해결할 수 있는 수준은 아니지만 그 수준에 가까이 근접할 수 있는 어떤 문제들을 접할 경우, 그 문제를 해결하기 위해 타인의 도움을 받으면 결국 혼자서도 문제를 해결할 수 있다는 것이다.[7]

이는 혼자 달성할 수 있는 수준보다 높은 단계의 과제를 제시하여, 협동이나 도움을 통해 더욱 성장하는 배움의 가능성을 보여주는 것이다. 따라서 교사는 학생들이 함께 문제를 해결할 수 있도

7. 전태련, 《함께하는 교육학, 논술 이론편 상》, 캠버스, 2015

과제 해결 하브루타를 하는 모습

록 학습자의 수준보다 약간 어려운 과제를 제공할 필요가 있다.

이를 위하여 배움의 공동체에서는 배운 내용을 활용하고 응용하는 활동으로 점프 과제를 제시한다. 교과서보다 높은 수준의 과제를 제시하여 배움의 질이 향상되고, 이를 통해 집단과 학습자의 수준이 향상되는 것이다.

배움의 공동체에서 점프 과제를 할 때는 모둠 중심으로 이루어진다면, 과제 해결 하브루타에서는 짝 활동과 모둠 활동의 단계를 거치는 것이 다르다. 최근 교과서는 대부분 매 단원마다 탐구활동을 제공하고 있다. 이를 적절하게 활용하는 것도 효과적이다. 과제 해결 하브루타의 수업 절차는 다음과 같다.

- 1단계 개별 활동 : 주어진 과제에 대해서 자신의 해결 방안이나 생각을 적는다.
- 2단계 짝 활동 : 각자의 생각을 공유한 후 둘 중 좋은 생각을 선택하거나 보다 발전된 의견을 도출한다.
- 3단계 모둠 활동 : 짝 활동을 통해 도출된 생각을 공유한 후, 둘 중 좋은 생각을 선택하거나 보다 발전된 모둠 의견을 도출한다.
- 4단계 발표 및 쉬우르 : 모둠별로 도출한 해결 방법을 발표하고 교사가 이를 정리한다.

국어 수업 시간이라면 소설을 읽고 작가가 선택한 서술 방법 찾아보기, 다양한 각도에서 소설의 주제 찾기 등의 과제 해결을 할 수 있다. 필자는 수업 시간에 다음과 같은 내용으로 과제 해결 하브루타 수업을 했다.

- 맹자의 민본주의 사상은 현대 민주주의에 어떤 의미를 갖는가?
- 덕의 형성에 대한 성리학과 정약용의 관점을 비교하시오.
- 칸트의 정언명령에 부합하는 도덕법칙 두 가지를 만드시오.
- 로스(Ross, W. D)의 조건부 의무의 사례를 만드시오.
- 규칙 공리주의가 적용된 사례를 만들어 발표하시오.
- 롤스의 정의 2원칙(차등의 원칙)이 우리 사회에 적용된 사례를 세 가지 이상 찾으시오.

6. 친구 가르치기 하브루타

행동과학연구소인 미국 NTL(National Training Laboratories)의 학습 피라미드에 따르면 강의를 듣고 24시간이 지난 후에는 5퍼센트만 기억할 수 있지만, 서로 가르치기를 할 경우 90퍼센트가 기억에 남는다고 한다.

앞서 언급한 바와 같이 친구 가르치기를 통해 자신이 아는 것과 모르는 것을 명확히 아는 메타인지 능력을 키울 수 있다. 실제 보통 학생들은 시험을 친 후 자신이 어떤 문제를 정확히 맞히고, 틀렸는지 모르는 경우가 많다. 이에 비해 우등생들은 자신이 맞힌 문제와 맞히지 못한 문제를 대부분 알고 있다.

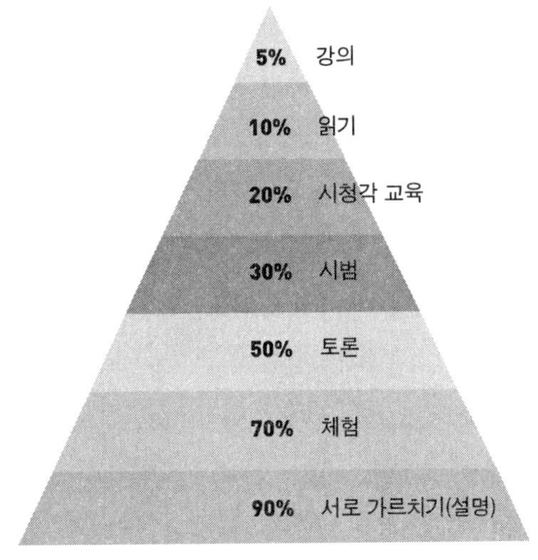

[그림3] 미국 NTL의 학습 피라미드

친구 가르치기 과정에서 친구에게 쉽게 설명해주기 위해 노력하면 자신이 알고 있는 것과 모르는 것을 명확히 알게 된다. 자기소개서를 지도하다 보면 많은 학생이 멘토·멘티 활동에 대해 적고 있다. 처음에는 멘토 활동으로 친구나 후배들을 가르치는 것이 시간 낭비라고 생각했지만, 쉽게 설명하기 위해 생각하는 과정에서 배운 내용이 명확하게 정리가 되었다고 한다. 또한 설명하는 과정에서 자신이 놓치고 있었거나 몰랐던 부분을 알게 되어 그 부분을 다시 찾아 확실하게 공부하게 되어 오히려 자신의 공부에 도움이 됐다고 한다.

이러한 친구 가르치기 하브루타는 기본적으로 짝 활동을 통해 이루어지는데, 수업 절차는 다음과 같다.

- 1단계 : 교사가 강의를 한다. 강의를 마치면 친구 가르치기 하브루타를 할 것임을 예고한다. 미리 설명할 사람을 정해줄 수도 있고, 강의 후 정해줄 수도 있다.
- 2단계 : 강의 내용을 둘로 나누어, 학생별로 친구에게 설명할 내용을 정해준다. 예를 들어 한국 윤리 단원에서 성리학자인 이황과 이이의 내용을 배웠다면 한 학생은 이황을, 다른 학생은 이이를 설명하게 한다.
- 3단계 : 친구에게 설명하기 위해 정리할 시간을 3~4분 부여한다. 친구 가르치기가 보다 깊이 있는 학습이 되기 위해서는 이 단계가 꼭 필요하다. 이때 학생들은 강의 내용을 정리하고, 교재를 보면서 자신이 이해한 내용을 친구에게 설명하기

친구 가르치기 하브루타를 하는 모습

위해 집중력을 가지고 공부에 임하게 된다.

- 4단계 : 각자 맡은 내용으로 교대로 친구 가르치기 활동을 한다. 친구 가르치기를 통해 가르치는 학생은 보다 명확하게 지식을 정리하고, 장기기억을 하게 된다. 듣는 학생도 교사의 언어가 아닌 또래의 언어를 통해 배우게 되므로 훨씬 쉽게 이해할 수 있다. 무엇보다 이해가 되지 않는 부분은 친구에게 쉽게 질문할 수 있다는 장점도 있다.

7. 논제 만들기 하브루타

논제는 토론을 위한 제안이나 주장을 말한다. 일반적으로 논제를 교사가 제시하고, 학생의 근거와 재반박을 통해 토론 수업이 이루어진다. 반면 논제 만들기 하브루타는 교재를 읽고 학생들이 직접 논제를 만든다. 국어 시간엔 문학 작품을 읽은 후 논제를 만들 수 있다. 사회 시간이라면 단원과 관계 있는 시사 문제에 대해서도 학생들이 직접 논제를 만들 수 있다.

논제는 토론 수업의 승패를 좌우할 만큼 중요하다. 잘못된 논제는 토론의 범위를 지나치게 확대하거나, 근거를 애매모호하게 할 가능성이 있다. 따라서 논제를 만드는 과정에서 몇 가지 지켜야 할 내용을 사전에 학생들에게 교육시켜야 할 필요가 있다.

첫째, 찬반으로 입장 구분이 명확하게 나뉠 수 있어야 한다. 수업 시간에 토론하는 이유는 경쟁의 승패보다 자신의 주장을 상대방에게 설득하는 논리적 사고를 키우는 데 있다. 이런 목표를 달성하기에는 찬반으로 입장 구분이 명확한 논제가 훨씬 효과적이다.

둘째, 논제의 범위는 구체적이고 명확하게 서술해야 한다. 예를 들어 '무상 급식, 확대되어야 한다'의 경우 무상 급식의 범위가 애매하여 토론 과정에서 혼란이 빚어질 가능성이 크다. 따라서 '초등학교 무상 급식, 확대되어야 한다' 식으로 범위를 명확하게 제시해야 한다. 필자는 '안락사는 허용되어야 한다'로 논제를 내었다가 소극적 안락사에는 찬성하고, 적극적 안락사에는 반대하는 근거가 나와 허용 범위에 대한 논란으로 제대로 토론하지 못한 경우가 있었다. 이와 같은 경우에는 '적극적 안락사, 허용되어야 한다'와 같이 범위를 한정하는 것이 적절하다. 또한 '사형 제도에 찬성하는가, 반대하는가?'와 같은 의문형보다 '사형 제도는 폐지되어야 한다'로 서술하는 것이 바람직하다.

셋째, 공정해야 한다. '꼭', '반드시', '절대' 등 예외를 허용하지 않는 단어를 포함하지 않는다. 예를 들어 '낙태는 반드시 허용되어야 한다' 또는 '낙태는 절대 허용되어서는 안 된다'는 등의 극단적인 단어가 들어간 논제는 근거의 범위를 지나치게 한정하여 자유로운 토론을 방해한다. 또한 '훌륭한', '나쁜' 등의 가치가 포함된 단어도 배제해야 하며, 가능한 중립적인 단어를 사용한다. 논제에 이미 긍정적이거나 부정적인 단어가 포함된다면 선입견을 가질 수 있기 때문이다.

넷째, 토론 논제는 기존의 제도에 변화를 주장하는 찬성 측의 입장에서 긍정문으로 서술되어야 한다. 이는 토론 자체가 변화를 주장하는 문제 제기에서 시작하기 때문이다. 예를 들면 '사형제는 폐지되지 않아야 한다'와 같이 부정문으로 제시할 경우 토론자와 청중에게 혼란을 줄 수 있다. 즉. '사형제는 폐지되지 않아야 한다에 찬성합니다'처럼 주장이 명확히 전달되지 않는다. 따라서 '사형제는 폐지되어야 한다', '양심적 병역 거부에 대한 대체복무제는 허용되어야 한다', '원자력 발전소 건립은 중단되어야 한다'와 같이 서술되어야 한다.

논제 만들기 하브루타 수업의 절차는 다음과 같다.

- 1단계 개별 활동 : 교재를 읽고 개인별로 논제를 만든다. 국어 수업 시간에 소설을 읽은 후 논제 만들기 하브루타를 한다면 어떤 학생은 인물을 중심으로, 어떤 학생은 사건을 중심으로, 어떤 학생은 주제를 중심으로 논제를 만들 것이다. 논제를 만들기 위해서는 다양한 각도에서 교재를 읽어야 하며, 이를 통해 깊이 있는 사고가 이루어진다.
- 2단계 짝 활동 : 짝에게 자신이 만든 논제를 설명한다. 그리고 서로 질문하고 의견을 교환한 후, 토론하기에 보다 좋은 논제를 선택한다. 이 과정에서 학생들 간에 토론과 논쟁이 이루어진다.
- 3단계 모둠 활동 : 짝 활동을 통해 선택된 두 가지 논제 중 모둠 활동으로 좋은 논제를 선택한다. 그러면 모둠별로 한 개의 논제가 만들어진다. 이 과정에서 친구들의 다양한 생각을 접할 수 있고, 하나의 주제에 대한 다양한 시각과 접근이 이루어진다.
- 4단계 발표 및 쉬우르 : 모둠별로 만들어진 논제를 판서한 후 설명한다. 한 반 기준 대략 8개의 모둠에서 8개의 논제가 만들어졌다면 이 중 중복된 논제는 삭제한다. 남은 논제 중 다수결로 최고의 논제를 선택한다. 이 논제를 바탕으로 근거 만

들기 하브루타와 연결할 수 있다. 경우에 따라서는 하나의 주제를 가지고, '질문 만들기 – 논제 만들기 – 근거 만들기 – 찬반 대립 토론'을 이어서 수업할 수도 있다.

다음은 고등학교 1학년 사회 수업에서 《반기성 교수의 기후와 환경 토크토크》라는 책을 읽고, 질문 만들기 – 논제 만들기 – 근거 만들기 하브루타를 이어서 한 사례이다.

〈1차시 질문 만들기 하브루타 결과〉

- 풍력 발전기는 꼭 필요한 것인가?
- 지구 온난화가 지속된다면 인간의 삶은 어떻게 될 것인가?
- 지구의 기온이 1도 상승하면 어떤 일이 일어날까?
- 화석연료로 인해 지구 온난화가 생겼는데 계속 자원 개발을 해야 하는가?
- 황사나 미세먼지의 피해는 중국에 책임을 물어야 하는가?
- 인공비를 만들어서 가뭄을 해소하는 것은 바람직한가?
- 인간의 편리를 위한 기술 개발과 환경 보존은 양립할 수 없는가?
- 에너지를 과소비하는 사람에 대한 사회적 비난은 정당한가?

〈2차시 논제 만들기 하브루타 결과〉

- 인간이 과학 기술을 통해 기후 현상에 개입하는 것이 바람직하다.

〈3차시 근거 만들기 하브루타 결과〉

- 찬성
  - 인간에게 이익을 주므로 바람직하다.
  - 인간의 삶의 질을 개선할 수 있다.
  - 기후(지구)는 사람의 몸과 같다.
  - 자연 재해로 인한 피해를 과학 기술로 막을 수 있다.
- 반대
  - 기후의 영향을 정확히 예측할 수 없다.
  - 인간만을 위해 기후를 바꿀 수 없다.
  - 과도한 개입은 이익보다 더 큰 피해를 줄 수 있다.
  - 인간의 기후 현상 개입은 예상치 못한 재앙을 초래할 수 있다.

〈질문 만들기와 근거 만들기 하브루타 수업을 연결한 활동지〉

● 주제 :

- 내 질문 + 이유

①

②

③

- 모둠 질문 + 이유

①

②

● 논제 :

- 내 입장 : 〈주장〉 〈근거〉	- 짝 입장 : 〈주장〉 〈근거〉

- 모둠 입장 :

〈주장〉

〈근거〉

①

②

8. 근거 만들기 하브루타

주장에 대한 근거를 만드는 하브루타이다. 윤리 수업 시간에 찬성과 반대의 논쟁이 가능한 다양한 주제가 있다. 안락사, 사형 제도, 낙태, 동성 결혼, 양심적 병역 거부에 대한 대체복무제 등 다양하다. 물론 수업 시간에 교사가 교과서를 바탕으로 각각의 찬반 근거를 요약해서 설명할 수 있다. 또한 일반적인 토론 수업에서 이러한 주제를 바탕으로 다양한 방식의 토론 수업을 전개할 수도 있다. 하지만 근거 만들기 하브루타의 가장 큰 특징은 '개별 활동-짝 활동-모둠 활동'의 과정을 거치면서 다양한 근거를 만들고, 이에 대해 설명과 논쟁의 과정을 거쳐 근거의 수준을 높이는 것이다.

이러한 근거 만들기 하브루타는 논술 심화 수업 시간에도 활용 가능한 좋은 모형이다. 각 모둠의 근거를 칠판에 적고, 설명한 후 자신의 입장에 가장 적합한 근거를 선택해서 논술을 작성하는 것이다.

- 1단계 개별 활동 : 논제에 대한 자신의 찬반 근거를 각각 두 가지 적는다. 예를 들어 '사형제, 폐지되어야 한다'가 논제라고 한다면 찬성의 근거와 반대의 근거를 각각 두 가지 적게 한다. 일반적인 토론 수업에서는 승부를 위해서 찬성과 반대로 모둠을 나누어 근거를 만든다. 하지만 근거 만들기 하브루

타를 하는 이유는 토론의 승패를 가리는 것이 아니라, 각각의 입장에 대한 다양한 근거를 생각하게 하는 것이다.

- 2단계 짝 활동 : 개별 활동에서 적은 찬성과 반대 근거를 각각 짝에게 설명한다. 그러면 찬성 근거 네 가지, 반대 근거 네 가지가 나온다. 그중 좋은 근거를 찬반 각각 두 가지를 선택하는 것이다. 이 과정에서 짝에게 자신의 근거를 설명하고, 보다 좋은 근거를 선택하는 과정에서 자연스럽게 토론과 논쟁이 이루어진다.
- 3단계 모둠 활동 : 각각의 짝 활동을 통해 선택된 찬성 근거 네 가지, 반대 근거 네 가지 가운데 좋은 근거를 찬반 각각 두 가지 선택하는 것이다. 이 과정에서 단순히 선택만 하는 것이 아니라 수준 높은 근거로 다듬어질 수 있다.
- 4단계 발표 및 쉬우르 : 각 모둠별로 선택된 찬성과 반대 근거 두 가지를 각각 판서한 후 발표한다. 발표 과정에서 자연스럽게 전체 질문과 반박, 재반박 등의 토론이 이루어질 수 있다. 또한 교사는 중복된 내용의 근거를 정리해준다. 만약 시험을 위해 꼭 필요한 근거가 빠졌다면 추가해서 설명해줄 수도 있다.

실제 논제 만들기 하브루타와 근거 만들기 하브루타는 글쓰기와 연계하여 수업할 때 효과적이다. 1차시에 텍스트를 바탕으로 학생들이 직접 다양한 논제를 만들어 하나의 논제를 선택한 후, 2

차시에는 선택된 논제에 근거를 만드는 것이다. 3차시에는 이를 바탕으로 자신의 입장이나 생각을 글쓰기 활동으로 연결한다. 교사는 1, 2차시에는 활동지 내용을, 3차시에는 글쓰기 활동을 한 자료를 과정 중심 평가에 반영할 수 있다. 근거 만들기 하브루타를 위해 다음과 같은 활동지가 필요하다.

〈활동지 샘플〉

근거 만들기 하브루타 활동지		
		반　　번　　이름 :
논제		
개별 활동	찬	1. 2.
	반	1. 2.
짝 활동	찬	1. 2.
	반	1. 2.
모둠 활동	찬	1. 2.
	반	1. 2.
최종 입장		1. 2.

9. 문제 풀이 하브루타

문제 풀이 하브루타는 고3 교실에서 문제지나 기출문제 등을 풀이할 때 활용하는 방법이다. 실제 문제 풀이는 효과적인 학습 방법 중 하나이다. 단순히 반복해서 교재를 읽는 것보다 문제 풀이를 통해서 자신이 잘 모르는 부분이나 잘못 알고 있는 부분을 정확히 파악할 수 있다. 또한 문제 풀이는 기억에서 꺼내는 인출 연습을 통해서 배운 내용을 훨씬 오래 기억하게 할 수 있다.

시험은 흔히 학습 성과를 평가하고 성적을 매길 때 쓰인다. 그런데 시험을 통해 단순한 반복 학습보다 인출 연습이 훨씬 탄탄한 학습으로 이어지는데, 이것을 시험 효과라고 한다. 인지 심리학의 연구에 따르면 수업 시간에 한 번만 시험을 보아도 기말 시험 점수가 크게 향상될 수 있으며, 학습자의 이득은 시험의 횟수에 따라 증가한다고 한다.[8]

필자는 평소에 학생들에게 시험을 성실하게 치는 것이 가장 중요한 공부라고 강조했다. 시험 칠 때 학생들의 집중도가 가장 높아진다. 또한 시험을 통해 배운 내용을 학습하고, 어려운 문제를 맞추기 위해 기억을 떠올리려는 인출 연습이 장기기억에 도움을 준다. 그런 의미에서 수업 시간의 문제 풀이는 학습 효과를 증대시킨다.

고등학교 3학년에서는 수능에 대비하여 문제 풀이 중심의 수

---

8. 헨리 뢰디거·마크 맥대니얼·피터 브라운, 《어떻게 공부할 것인가》, 와이즈베리, 2014

문제 풀이 하브루타를 하는 모습

업을 하기도 한다. 특히 수능에서 EBS 연계율이 높아지면서 연계 교재인 '수능 특강' 등의 교재를 방과 후 수업을 통해서 문제 풀이를 한다. 또한 수능 기출문제나 모의고사 문제 풀이를 하는 경우도 많다. 이때 주로 학생들에게 모든 문제를 풀게 한 후 교사가 한 문제 한 문제 해설을 한다. 혹은 학생들에게 한 문제씩 풀게 한 후 교사가 곧바로 해설을 한다. 이 경우 모든 해설 과정은 강의식이 된다.

이를 어떻게 하브루타 방식으로 진행할까를 고민하다가 고안한 것이 문제 풀이 하브루타이다. 다음은 고3 수업 시간에 활용하는 문제 풀이 하브루타이다. 이는 짝 활동이나 모둠 활동 중 선택해서 진행한다.

- 1단계 모둠 구성 : 모둠은 2~4명이 적당하다.
- 2단계 개별 풀이 : 한 문제당 풀이 시간을 1~2분가량 부여한다. 일반적으로 4문제를 한꺼번에 풀게 하고 5~6분을 부여한다. 수능에 임박하여 모의고사를 풀게 할 경우, 사회탐구 과목은 한꺼번에 20문제를 풀게 하고 20~25분 정도 부여한다. 왜냐하면 수능에서 사탐은 30분 동안 20문제를 풀어야 하는데, 모의고사의 경우 시간을 짧게 주는 것이 실전에서의 문제해결력에 도움을 주기 때문이다.
- 3단계 풀이 후 답 비교하기 : 개별 문제 풀이 후 서로의 답을 비교한다. 같을 경우 통과하고, 답이 서로 다를 경우 각자가 그 답을 선택한 이유를 설명한다. 이때 자연스럽게 논쟁이나 친구 가르치기 하브루타가 이루어진다. 친구와의 논쟁으로 답을 명확히 알 수 없을 경우 교재나 정답 해설지를 참고하게 한다. 친구와의 논쟁 후 교재나 해설지를 찾아 정답을 확인할 경우 교사의 풀이보다 더 좋은 효과를 기대할 수 있다. 해설지를 통해서도 이해가 곤란한 경우 4단계로 넘어간다.
- 4단계 교사 심층 풀이 : 모둠별로 교사의 설명이 필요한 경우 교사에게 해당 문항 번호를 알려준다. 한 시간에 20문제를 기준으로 했을 때 보통 5문항 정도 교사가 심층 풀이를 한다. 실제 한 시간에 20문제를 풀이할 경우 교사의 설명이 필요 없는 난이도가 낮은 문제가 10문제가 넘는다. 남은 10문제 중 5문제 정도는 친구와의 정답 비교와 논쟁 과정에서 친구 가르

치기 하브루타로 연결되고, 그 과정에서 정답을 알게 된다. 나머지 5문제 정도만 교사의 풀이가 필요한 셈이다. 이때 교사는 가능한 이러한 문제에 미리 대비하여 정확하고 깊이 있는 풀이를 할 수 있도록 준비해야 한다.

문제 풀이 하브루타를 통해 개별적으로 문제 풀이를 한 후, 논쟁이나 친구 가르치기 하브루타가 이루어진다. 애매한 문제는 직접 교재나 정답 해설지를 찾아보는 과정을 통해 보다 자기주도적인 학습이 이루어질 수 있다. 또한 풀이가 필요한 문제에만 교사가 집중적으로 심층 풀이를 하므로 집중도와 학업 능력 향상에도 도움을 준다.

10. 고3 교실에서의 하브루타

이제까지 다양한 하브루타 수업의 모형을 제시했다. 이러한 하브루타 수업을 고3 교실에 적용하기 위해 가장 필요한 것은 수능에 대비할 수 있어야 한다는 점이다. 질문과 대화만으로는 핵심 개념에 대한 이해와 문제해결력을 키우는 게 쉽지 않기 때문이다. 친구 가르치기 하브루타와 질문 만들기 하브루타를 적절히 활용하여 고3 교실에 실제 적용한 사례를 제시하고자 한다.

- 1단계 교사 강의 : 교사는 15분 동안 학생이 배워야 할 핵심 내용을 설명한다. 과연 15분에 한 차시 분량의 강의를 할 수 있을까, 의문을 제기할 수 있다. 하지만 거꾸로 수업의 경우도 핵심 개념을 담은 디딤 영상의 시간이 10분을 넘지 않는다. 거꾸로 수업에서 다양한 학생 활동 수업을 통해 깊이 있는 학습이 이루어지듯, 하브루타 활동을 통해 친구에게 설명하고, 교재를 읽으면서 질문을 만들고, 친구들과 토론하는 가운데 학습 목표는 충분히 달성할 수 있다.

  학생의 활동지는 수능 관련 핵심 내용 정리와 하브루타 활동을 기록하는 내용으로 구성된다. 이는 거꾸로 교실의 디딤 영상 역할을 하게 된다. 필자의 경우, 강의용 파워포인트(PPT)와 학생의 활동지에는 핵심 개념 등이 괄호로 비워져 있다. 학생들은 교사의 강의를 들으면서 괄호의 빈칸을 채워나간다.
- 2단계 복습하기 : 학생들이 배운 내용을 3분 동안 공부하게 한다. 이는 다음 단계인 친구 가르치기 하브루타를 좀 더 효율적으로 하기 위해서이다. 이때 배운 내용의 분량을 반으로 나누어 담당할 부분의 역할을 배분한다. 예를 들어 공리주의를 배웠다면 한 학생은 벤담을, 다른 학생은 밀을 맡아 친구에게 가르치기를 위해 준비하는 것이다. 이 과정에서 친구에게 말로 설명하기 위해 학습한 내용을 집중력 있게 복습하게 된다.
- 3단계 친구 가르치기 하브루타 : 각각 자신이 맡은 부분을 친

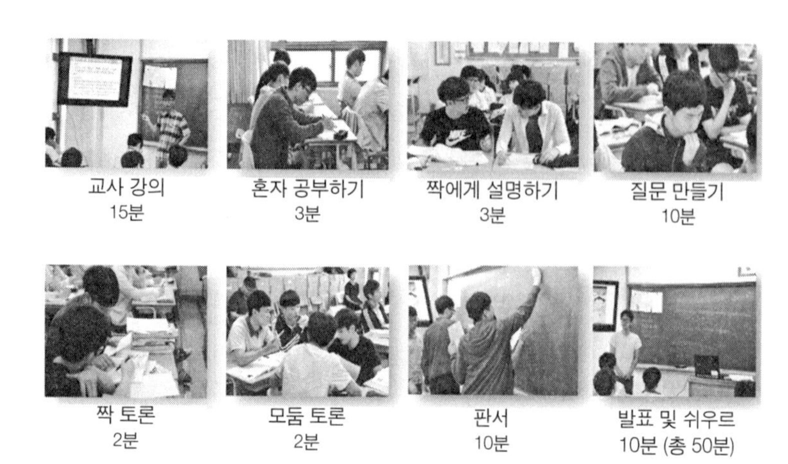

단계별로 이루어지는 하브루타 수업

구에게 설명한다. 공부한 내용을 친구에게 가르치는 활동을 통해 기억을 떠올리는 과정과 말로 설명하는 과정에서 학습 내용이 명료해진다. 또한 자신이 알고 있는 내용과 모르는 내용을 알게 되는 메타인지 활동이 이루어진다. 제대로 설명할 수 없는 내용에는 다음 단계에서 보충 학습이 가능하다.

- 4단계 개인별로 질문 만들기 : 교과서를 읽으면서 질문을 만든다. 질문을 만들기 위해서는 집중력 있게 교과서를 읽어야 한다. 학생들이 만든 질문 중에는 단순히 개념을 묻는 질문도 있지만 학습한 내용을 바탕으로 현실 문제와 연결시키는 질문도 곧잘 등장한다. 가능한 1개의 질문보다 3~5개의 질문을 만들도록 한다. 이러한 질문 만들기 활동을 통해 고차원적인 사고와 창의력이 길러진다. 무엇보다 교사의 강의와 친구 가

르치기를 통해 학습한 내용을 반복해서 복습하는 활동을 하면서 장기기억에도 도움이 된다. 이때 친구 가르치기 과정에서 정확히 설명하지 못한 부분을 다시 확인할 수도 있다.

- 5단계 짝 활동 : 자신이 만든 질문을 짝에게 설명한다. 그리고 가장 좋은 질문을 선택한다. 선택된 질문에 대해 생각을 나눈다. 필요한 경우 교재를 다시 찾아보기도 한다.
- 6단계 모둠 활동 : 짝 활동을 통해 선택한 질문으로 서로 논쟁하여 모둠에서 가장 좋은 질문을 선택한다. 선택된 질문에 대해 생각을 나눈다.
- 7단계 모둠별 판서 및 발표 : 모둠별로 최종 선택된 질문을 판서한 후 모둠별로 발표를 한다. 모둠 발표 과정에서 다른 학생의 질문을 받거나 쉬우르를 한다. 발표가 끝나면 교사는 중복된 질문을 가려서 삭제한다. 최고의 질문을 다수결로 선택해 이를 전체 토론으로 연결할 수도 있다.

11. 하브루타를 활용한 논술 심화 수업

필자는 교내 논술 심화 수업과 교육청 단위의 논술 강사로 활동하면서 하브루타 모형으로 논술 수업을 하는 것이 효과적임을 깨달았다. 논술 수업의 핵심은 주장에 대한 근거 만들기 활동이다. 이때 논제 만들기 하브루타와 근거 만들기 하브루타를 함께 활용하면 매우 유용하다. 상황에 따라 두 가지 방식을 모두 활용하는 경우도 있지만 일반적으로 교사가 논제를 제시한 후 근거 만들기 하브루타를 한 후, 논술문을 쓰게 하는 경우가 대부분이다.

하브루타를 활용하여 방과 후 논술 심화 수업을 하는 방식을 소개한다.

- 1단계 논제 제시 및 자료 제공 : 논제를 정한 후 읽기 자료를 제공한다. 찬반 논제인 경우 찬성과 반대의 의견을 골고루 제시한다. 예를 들어 무상 급식 문제를 통해 보편적 복지와 선별적 복지를 다룰 때는 보수 성향과 진보 성향의 신문 사설을 함께 제공한다. 이를 통해 학생들은 편향된 생각이 아닌 다양한 생각을 함께 접하게 된다. 이러한 과정을 통해 학생들로 하여금 사회 문제에 다양한 관점이 있음을 알게 하고, 교사의 주관적인 가치관을 개입시키지 않는다.
- 2단계 영화로 논제 생각하기 : 관련 영화를 통해 논제를 생각할 기회를 제공하고 수업의 흥미를 높인다. 예를 들면 사형 제도를 다룰 때는 사형 집행 장면을 다룬 〈데드 맨 워킹(Dead Man Walking)〉을, 안락사 문제는 링에서 쓰러진 여자 선수가 안락사를 요구하는 상황에서 갈등하는 코치의 이야기를 다룬 〈밀리언 달러 베이비(Millian Dollar Baby)〉를 보여준다. 물론 일부를 편집해서 보여준다. 성적 소수자가 주제인 경우엔 〈더 월2(If These Walls Could Talk 2)〉가 효과적이다. 방관자

효과를 다룰 때는 단편 영화 〈버스 44〉를 보고 현대인들이 의로운 행동을 하기 어려운 이유를 알아보고, 이를 학교 폭력 문제와 연계해서 생각하게 한다.

- 3단계 근거 만들기 하브루타 : 하브루타를 통해 생각을 넓힌다. 토론 전 먼저 개별적인 생각을 적게 한다. 그다음 1 : 1 짝 토론을 통해서 각자의 생각을 짝에게 설명하고, 좋은 근거를 결정한다. 이를 확장해 모둠 토론을 통해 모둠별 근거를 정한 후 판서하고 발표한다. 이러한 과정에서 아이들은 자신의 주장을 근거를 통해 토론할 수 있게 되고, 상대 의견을 경청한다. 이를 통해 토론이 단순히 상대방을 설득하기 위한 논쟁이 아님을 깨닫는다. 실제로도 본교 논술 심화 수업반 학생의 상당수가 교내 토론 대회에 나가서 수상했을 뿐만 아니라, 울산 광역시 학생 토론 대회에 나가서 우수한 성적을 거두었다.
- 4단계 논술 쓰기 : 주어진 논제에 대한 논술 쓰기를 한다. 글쓰기를 할 때는 근거 만들기 하브루타를 통해 자신이 가장 충분하게 설명할 수 있는 근거를 선택해서 쓴다. 찬반 논술의 경우 툴민(Stephen Toulmin)의 토론 6단 논법[9]에 따라 개요를 작성하도록 지도한다. 그리고 개별 첨삭이나 상호 첨삭을 한다. 첨삭 후 가장 우수한 논술을 모두가 읽게 한다.

9. 스티브 툴민이 영국 케임브리지 대학 박사 학위 논문 〈논술의 활용〉에서 처음 발표했다. 이후 툴민이 1990년 미국 토론학회가 토론 분야의 탁월한 공로자에게 주는 상을 받으며, 토론 6단 논법은 툴민 논술 교과서와 국제 토론 챔피언 대회에 쓰이게 되었다. 우리나라에는 포항공대 교수인 김병원 박사가 소개했다.

〈활동지 샘플〉

톨민의 토론 6단 논법	
( )학년 ( )반 ( )번 이름 :	
논제	
안건	- 논제의 배경 요약 설명 - 찬성과 반대 주장 대비하여 요약
결론	- 안건에 대한 자신의 입장 - 찬성 혹은 반대
이유	- 결론에 이르게 된 이유 제시 - 키워드 + 서술어의 형식으로 근거를 요약 제시
설명	- 이유에 대한 구체적 설명 - 통계, 인용, 사례, 전문가 의견 등
반론 꺾기	- 상대 의견에 대한 예상 반론 - 재반박
예외 정리	- 이제까지 주장에 대한 예외를 정리한 후 자신의 주장을 확실히 함

지금까지 인문계 고등학교에서 활용 가능한 다양한 하브루타 수업 사례를 알아보았다. 하브루타 수업은 앞에서 언급한 다양한 장점 외에도 학생의 흥미와 진로에 맞는 맞춤형 세부능력 및 특기 사항을 기재할 수 있다. 다음은 하브루타 수업 후 작성한 과목 세부능력 및 특기 사항 사례이다.

하브루타를 활용한 논술 심화 수업

- 하브루타 수업으로 문제 풀이와 친구 가르치기를 하면서, 친구들과 한 문제로 다양한 풀이 방법과 생각을 나누는 기회를 가짐. 본인의 학업성취도가 뛰어남에도 불구하고 다른 친구들의 말을 경청하고, 의견을 존중하는 겸손한 모습을 보임. 조장으로서 학업 능력이 부족한 학생들을 도와주고 이끌어가는 모습이 인상적임.
- 하브루타 수업으로 문제 풀이와 친구 가르치기를 하면서, 자신이 모르는 지식을 친구를 통해 알게 되고, 아는 지식을 친구에게 가르치는 과정에서 좀 더 명확히 알게 됨. 친구 가르치기를 할 때 알고 있는 지식을 활용해서 쉽게 전달하는 것의 중요성을 깨닫고, 자신의 진로인 스포츠 중계를 할 때 어떻게 하면 쉽게 전달할 것인가 고민하게 됨.

- 친구 가르치기를 통해 자신이 알고 있던 지식을 확고히 알 수 있었고, 제대로 알지 못했던 지식을 수정하는 계기가 됨. 예능 PD가 꿈인 학생으로 좀 더 창의적인 아이디어로 재미있는 프로그램을 만들기 위해 질문하고 의견을 조율하는 과정이 필요함을 생각함.
- 하브루타 활동을 통해 내가 모르는 것을 명확히 알 수 있었고, 자신이 잘못 설명하게 되면 배운 사람도 틀린 지식을 가질 수 있다는 생각에 꼼꼼히 공부하게 됨. 이를 통해 요리사가 되어 다른 사람에게 레시피를 전수할 때 책임감을 가지고 정확하게 설명해야겠다는 마음을 가짐.

4장

토의·토론 수업

대부분의 교사는 토론 수업에 대한 두려움이 있다. 그 이유는 세 가지로 요약할 수 있다. 첫째, 강의 수업에 익숙하기 때문이다. 이는 교사의 역할이 가르치는 데 있다는 고정 관념이나 학습 목표 달성 여부에 대한 확신 부족에도 그 영향이 있다. 둘째, 시간이 많이 소요되기 때문이다. 교사가 강의해서 5분이면 제공할 정보를 아이들이 토론해서 도출하려면 20분이 넘게 걸린다. 이는 진도와도 연관이 있다. 셋째, 토론 수업은 많은 준비가 필요하다는 생각 때문이다. 모둠 구성, 토론에 대한 절차 이해, 논제 선정 등 과정과 절차가 복잡하다고 생각한다.

기본적으로 토의와 토론은 다르다. 토의는 구성원들 간에 다양한 의견을 종합하여 가장 바람직한 방안을 모색하는 것이고, 토론은 주어진 주제에 대해 찬성과 반대로 나누어 상대방이나 청중을 설득하는 것이다. 실제 수업에서는 넓은 의미로 수업 시간에 상호 작용하는 모든 대화를 포함하여 토의·토론이라고 한다.

교육청이나 학교 단위의 토론 대회에서는 엄격한 토론 규칙에 의해 토론을 진행한다. 하지만 대회와 다르게 수업에서의 토의·토론은 경쟁이 아니고 협동이다. 단순히 교사의 강의를 듣는 데서 벗어나 서로의 의견을 이야기하고, 때로는 논쟁하는 과정에서 자연스럽게 배움이 일어나며, 논리적 사고력과 창의성이 함양된다. 표현하고, 경청하고, 배려하는 가운데 민주시민 의식이 길러진다. 마음을 여는 소통을 익히게 되며, 서로의 의견을 종합해가는 동안 실패에 너그러운 유연함을 연습하게 된다. 무엇보다 21

세기 아이들에게 필요한 지식과 정보를 바탕으로 한 문제해결력을 키울 수 있다.

입시 중심의 교육에서 토론 수업이 힘든 이유도 있지만, 해야만 하는 이유는 더 많다. 그리고 모든 수업을 토론으로 할 필요도 없다. 이 장에서는 필자가 직접 고등학교 수업에서 활용했던 사례나 수업 컨설팅, 공개 수업 등을 통해 접한 토론 수업 중 비교적 손쉽게 따라 할 수 있는 사례를 중심으로 소개하고자 한다.

1. 모둠 만들기

모둠은 토의·토론 수업을 위한 구성원들의 집합이다. 혼자 해결하기 어려운 문제는 모둠을 구성함으로써 협동학습이 이루어진다. 가능한 성별과 학업 능력이 각기 다른 학생들로 모둠을 구성하는 것이 효과적이다. 토론 수업의 형태나 학급 수에 따라 다르겠지만 기본적으로 '4인 1모둠'으로 구성하는 것이 원칙이다. 홀수보다는 짝수로 구성하는 것이 짝 활동과 연계하여 의사소통의 기회가 많아진다. 홀수일 경우 5명보다 3명으로 구성하는 것이 무임승차자를 예방할 수 있다. 필자의 경우 모둠 구성원 간에 원활한 의사소통, 친밀감 형성, 모둠의 정체성 등을 위해 한 학기에 두 번 정도 모둠을 바꾼다.

모둠 활동 시 교사는 교실을 순회하면서 도움이 필요한 모둠에게 적절히 지원하고, 과제를 일찍 수행한 모둠에게는 별도의 추가 과제를 주는 것이 바람직하다. 모둠 활동 시간을 미리 부여하는 방법도 있지만, 70퍼센트 정도의 모둠이 과제를 수행했을 때 다음 단계로 넘어가는 것이 효과적이다.

모둠 활동에서의 무임승차자를 예방하고, 책임감을 부여하기 위해서는 각자에게 역할을 부여하는 것이 바람직하다. 협동학습에서는 다음과 같이 모둠 내 세부 역할을 제시한다.[1]

[표1] 모둠 내 세부 역할 예

이끔이	모둠장, 사회자, 진행자 등 상대적으로 리더십이 있고 학습 수준과 의지가 높은 학생이 바람직
칭찬이	칭찬하기, 모둠원 챙기기 등 다른 모둠원의 활동을 관찰하고 이를 구체적으로 칭찬하기
기록이	모둠 활동 기록, 모둠 의견 발표 등 모둠 토의 내용을 기록하거나, 모둠 의견을 학급 전체에게 발표
지킴이	물건 관리, 모둠 포트폴리오 관리, 모둠 학습 도구 관리 등 학습 도구를 관리하고 학습지를 배부, 제출하기
깔끔이	모둠 자리 배치, 모둠 책상 주변 청소 등 불가피하게 모둠 구성원이 5인 이상인 경우 부여하는 역할

모둠 자리 배치는 일반적으로 네 개의 책상을 붙이는 경우가 많

1. 한국협동학습연구회, 《협동학습 1, 협동학습 기초 다지기》, 한국협동학습센터, 2012, p.104

다. 앞 사람의 책상만 뒤로 돌리면 되므로 간편하게 모둠 배치를 완료할 수 있다. 또한 배움의 공동체에서 사용하는 ㄷ자형 배치는 학생들의 시선을 가운데로 모을 수 있다는 장점이 있다.

필자의 경우는 다음과 같은 방식으로 모둠을 구성한다. 거꾸로 교실의 김수애 선생님의 방식을 약간 변형한 것이다. 이런 방법으로 모둠을 구성하면 교사가 굳이 성적을 안배하지 않더라도 자연스럽게 성적이 우수한 학생들이 적절하게 모둠별로 배치된다. 또한 교사에 의한 배정이 아니라 학생들이 스스로 모둠을 선택했으므로 성적이 낮은 학생들이 위화감을 갖지 않는다. 이를 통해 성적뿐만 아니라 교우 관계 등이 적절하게 고려된 모둠이 구성된다. 시간은 15분 정도 소요된다.

- 첫 번째 학생 : 자발적으로 조장이 되고 싶은 학생이 나와서 칠판에 이름을 적는다. 생활기록부에 조장으로서의 역할을 적어 준다고 하면 성적이 우수한 학생이나 적극적인 학생들이 자원한다.
- 두 번째 학생 : 조장이 자신을 도울 학생을 한 명 선택해서 칠판에 이름을 적는다. 조장은 남은 학생들 중 성적이 우수하거나 자신에게 도움이 될 친구를 선택한다.
- 세 번째, 네 번째 학생 : 나머지 학생들은 자기가 원하는 모둠에 가서 이름을 적는다.

학생이 정해지면 다음과 같이 좌석 배치를 한다. 첫 번째와 두 번째 학생이 성적이 우수한 학생일 가능성이 크기 때문이다. 성적이 적절하게 안배될 때 짝 토론이나 친구 가르치기 하브루타를 효율적으로 진행할 수 있다.

[표2] 모둠 자리 배치 예시

첫 번째 학생	세 번째 학생
두 번째 학생	네 번째 학생

2. 포토 스탠딩으로 마음 열기

포토 스탠딩(Photo standing)은 사진이나 잡지를 활용해서 자기소개를 하거나 주제에 대해 이야기하는 토론이다. 토론 수업을 위해서는 먼저 교사와 학생 상호 간에 교감이 필요하다. 이때 토론에 대한 부담을 줄이면서 자연스럽게 학생의 말문을 트이게 하는 방법이 포토 스탠딩이다. 이는 본격적인 토론에 앞서 교사와 학생들 간에 거리를 좁히고, 아이들에게 토론에 대해 자연스럽게 생각해볼 기회를 제공한다. 교사들을 대상으로 하는 토론 수업 연수에서 친밀감(rapport) 형성을 위해 강사들이 많이 활용하는 방법이기도 하다.

사진이나 그림 등을 보여준 후 이를 통해서 주제와 관련된 이야기를 끌어낸다. 한 장의 사진을 보면서도 다양하게 해석할 수 있다. 잡지에 나오는 광고, 사진, 그림, 텍스트 등을 통해 주제와 관련한 연상 작용을 하면서 창의적인 사고를 하게 된다. 또한 이를 발표하는 과정에서 기발한 아이디어 등으로 인해 토론 분위기가 밝아진다. 다음은 포토 스탠딩을 통해 할 수 있는 활동 사례이다.

〈학생 상담〉

- 나를 가장 잘 표현하고 있는 사진과 이유는?
- 내가 이루고 싶은 꿈을 가장 잘 담고 있는 사진과 이유는?

〈교과 활동 중〉

- 가장 마음에 드는 사진을 골라 질문 만들기
- ○○(교과 개념)을 가장 잘 표현한 사진은?
- 토론을 가장 잘 표현한 사진은?

또한 포토 스탠딩을 활용하여 3월 수업 첫 시간에 국어, 수학, 윤리 등 자신의 과목명을 제시어로 주어도 재미있게 첫 수업을 할 수 있다. 교과의 중요 개념을 그림이나 카드와 연관하여 설명하게 하여, 개념 정의를 풍부하게 할 수도 있다. 교사를 연수 대상으로 하는 경우에는 '교사', '수업', '학교' 등의 제시어를 주면 연수의 분위기가 밝아지고, 서로를 이해하는 데 도움을 준다. 절차는 다음과 같으며, 필자가 활용한 활동지와 포토카드 일부도 함께 제공한다.

개별 사진 선택하기

선택한 사진 설명하기

모둠 사진 선정하기

모둠별 발표하기

1. 주제를 제시한 후 학생 또는 모둠별로 사진이나 그림을 나누어준다. 잡지를 한 장씩 오려서 나누어줄 수도 있다. 개인별로 한 장을 줄 수도 있고, 여러 장을 배부해서 그중 하나를 선택하게 할 수도 있다. 한국협동학습연구회[2]를 통해서 '생각 카드'를 구입해 활용해도 된다. 필자는 사진 찍는 게 취미라서 직접 촬영한 사진을 인화해서 사용한다. 필자가 수업에

2. cooper.or.kr/

서 활용하는 사진은 필자의 블로그를 통해 누구나 다운받아 활용할 수 있다.[3] 네이버에서 '포토 스탠딩 토론 포토카드'를 검색하면 된다.

2. 잡지 속의 글자를 포함, 사진 등을 활용하여 다음 예문처럼 주제와 관련된 문장을 완성하게 한다. '토론은 ○○○이다. 왜냐하면 ( )이기 때문이다', 또는 사진이나 그림을 이용해 토론과 연관하여 설명하게 한다. 이를 통해 자연스럽게 토론에서 가장 중요한 주장과 근거의 기본적인 형식을 습득할 수 있다.
3. 모둠 내에서 각자의 의견을 교환한다. 이때 짝 토론(1:1 토론)과 모둠 토론(2:2 토론)의 형식으로 발표를 할 수도 있다. 이를 통해 자연스럽게 수업 시간 토론의 기본 방법을 습득할 수 있다.
4. 모둠별로 가장 우수한 내용을 정해서 발표하게 한다. 또한 활동지를 만들어 개인별로 주제와 사진이 어떤 관련이 있는지 생각한 후 자신의 생각을 정리하게 해서 과정 중심 평가에 반영할 수도 있다.

3. blog.naver.com/lsi16/220980280448

〈활동지 샘플〉

포토 스탠딩 활동지	
학 번	학년 반 번 이름 :
주 제	

• 선택한 사진을 글로 설명하기 : 사진의 풍경이나 배경, 색깔, 느낌 등을 글로 묘사

• 사진과 주제를 연관하여 설명하기

• 친구들의 생각 중 가장 기억에 남는 내용 정리하기

사진 1	
사진 2	
사진 3	
배우고 느낀 점	

〈활용할 사진 예시〉

3. 피라미드 토론

피라미드 토론은 각자의 생각에서 출발하여 전체 학급 학생들의 의견을 자연스럽게 하나로 모으는 의사결정 토론 방법이다. '나의 생각-1:1 토론-2:2 토론-4:4 토론' 등을 거치면서 다양한 의견을 단계적으로 줄이고, 마지막에 하나의 의견을 도출한다. 수업에서 문제에 대한 여러 가지 해결 방안 중에 우선순위를 정할 때나 학급에서 지켜야 할 규칙이나 합의안을 도출할 때 효과적인 토론 방식이다.

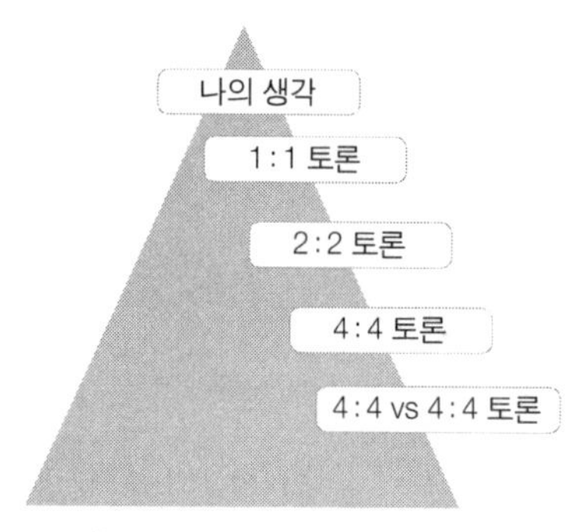

[그림1] 피라미드 토론 방식

이는 많은 구성원으로 이루어진 조직에서 활용하는 아이디어 창출 기법인 브레인라이팅(Brain Writing) 방법을 수업에 적용한 것이다. 말하기나 토론에 소극적인 사람도 팀을 이루어 자연스럽게 끝까지 능동적으로 참여할 수 있다. 또한 한 명도 소외되는 학생 없이 학급 전체의 의견을 수렴할 수 있다는 장점이 있다. 토론을 진행할 때 활동지나 포스트잇을 사용한다. 토론 진행 방식은 다음과 같다.

1. 모든 학생에게 포스트잇을 한 장씩 나눠주고 논제를 제시한다. 논제 선정 배경과 토론 규칙을 설명한다. 논제의 예는 '수업 시간에 자는 학생을 깨울 수 있는 가장 적절한 방법은 무엇인가?'이다. 이때 주제에 따라 포스트잇을 여러 장 나눠 줄 수도 있다.
2. 모든 학생은 각자의 생각을 포스트잇에 적는다.
3. 짝과 1:1 토론을 한다. 각자의 포스트잇을 보여주고 설명을 한다. 그중 좋은 주장을 선택한다.
4. 2:2 토론을 한다. 이때는 1:1 토론을 한 두 사람이 한 팀이 되어 다른 팀과 토론한다. 역시 두 장의 포스트잇 중 한 장을 선택한다.
5. 4:4 토론부터는 모둠 간 토론이 이루어지며, 이때는 토너먼트 방식으로 진행한다. 학급 전체가 32명일 경우, 16명이 합의를 보면 두 개의 모둠이 최종 승부를 하게 된다. 이때 각 모둠에서 대표자가 발표하게 하고, 이에 대해 전체가 토론하여 한 개의 대안을 찾아낼 수 있다. 그렇지 않다면 2:2 토론에서 뽑힌 포스트잇을 모두 칠판에 붙이고, 다수결로 선택할 수도 있다. 필자는 후자의 방법으로 수업 시간에 자는 학생

에 대한 규칙을 정한다.

6. 전체가 결정한 주제에 대하여 교사가 정리한다. 필요할 경우 학생의 글쓰기 활동으로 연결할 수도 있다.

피라미드 토론 중인 모습

필자는 3월 초 수업 규칙을 세울 때면 이 피라미드 토론 방식을 사용한다. 일반계 고등학교에서 많은 교사들의 고민은 '수업 시간에 자는 학생들을 어떻게 깨울 것인가?'이다. 그 해결 방법의 일환으로 '수업 시간에 자는 학생에 대한 가장 효율적인 벌칙은?'이란 주제를 제시하고, 토론을 진행토록 해 자발적으로 수업 규칙을 정하도록 유도한다.

피라미드 토론을 통해 수업 규칙을 정한 후에는 일관성 있게 규칙을 적용할 수 있다는 장점이 있다. 또한 학생들 스스로 규칙을 정했다는 점에서 지속적으로 적용하기에도 부담이 없다.

피라미드 토론은 찬반 토론의 근거를 만들 때도 유용하다. 이때는 포스트잇을 여러 장 주거나 활동지를 활용하는 것이 효과적이다. 다음과 같은 다양한 주제를 피라미드 토론 수업에 적용할 수 있다.

- 내가 가지고 있는 것 중 절대 버릴 수 없는 세 가지는? (국어, 법정 무소유)
- 작품 〈봄봄〉에서 '나'가 의뭉스런 장인을 두 손 들게 하고 점순이와 결혼하려면 어떻게 해야 할까? (국어)
- 한국을 가장 대표하는 문화재 세 가지는? (한국사)
- 교과서 인물 중 현대의 대통령으로 가장 적합한 사람은? (한국사)
- 인간다운 삶(또는 행복)을 위한 십계명 중 세 가지는? (사회)
- 직업 선택의 가장 우선순위는? (진로)
- 사형 제도의 찬반 근거를 각각 세 가지 제시하시오. (윤리)
- 21세기 리더(또는 기업인 등)가 지녀야 할 자질은? (사회)
- 학급 규칙(지각, 청소 등)을 어겼을 때 어떻게 해야 할까?

〈활동지 샘플〉

피라미드 토론 활동지	
	( )학년 ( )반 ( )번 이름 :
주제	
나의 생각	
1:1 토론	
2:2 토론	
4:4 토론	
8:8 토론	
전체 토론	
토론 후 느낀 점	

이 좋다. 이러한 자기 평가지는 점수보다는 과목 세부능력 및 특기 사항에 활용하는 것이 바람직하다.

〈자기 평가지 예시〉

구분	점검 요소	평점		
		상3	중2	하1
토론 준비	• 논거에 적합한 자료를 수집했는가?			
	• 다양한 자료를 충분히 수집했는가?			
	• 모둠원과 협의를 잘 했는가?			
토론 과정	• 자신의 주장을 명확히 제시했는가?			
	• 주장의 근거가 논리적인가?			
	• 상대 주장에 대한 반론이 타당했는가?			
	• 반론에 효과적인 재반박을 했는가?			
토론 태도	• 성실하게 토론에 참여했는가?			
	• 상대의 의견을 경청했는가?			
	• 토론의 규칙과 예절을 지켰는가?			
총점		점		

이번 수업에 대해 자신이 생각한 것을 적어봅시다.	
자신의 최종 입장	
배우고 느낀 점	

7. 전체 토론하기 : 각 모둠의 발표 후 교사의 사회로 전체 토론으로 이어간다. 이때 학생들은 다른 모둠의 찬반 근거를 활동지에 적는다.
8. 나의 최종 입장 쓰기 : 활동지에 간단히 기록하거나, 논술문 형태로 쓰게 할 수도 있다.
9. 가치 수직선에 자신의 입장 붙이기 : 가치 수직선 토론은 자신의 입장을 강한 찬성, 강한 반대, 또는 어느 적절한 지점에 표현하는 것이다. 포스트잇에 근거를 적어 자신의 입장에 해당하는 위치에 붙인다. 이를 통해 주제에 대한 다양한 입장이 존재함을 알게 되며, 다양한 가치를 수용할 수 있게 된다. 토론 전과 토론 후 자신의 위치를 옮겨 수정할 수도 있다.

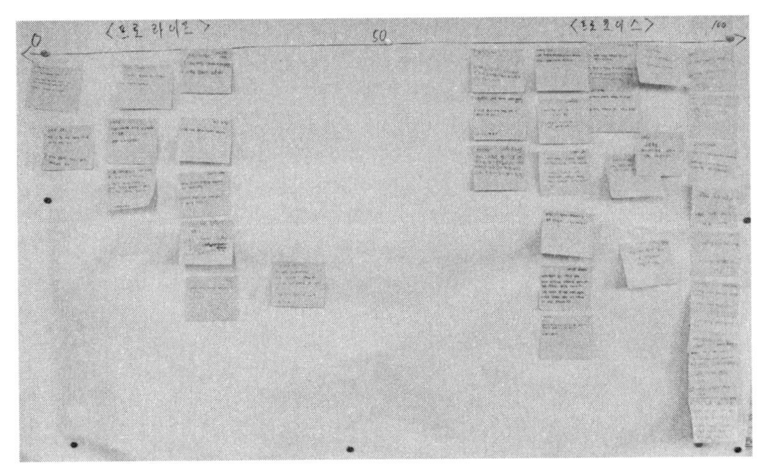

가치 수직선에 자신의 입장 붙이기

〈활동지 샘플〉

미니 모둠 토론 활동지		
( )학년 ( )반 ( )번 이름 :		
토론 주제		
모둠원 이름		
미니 모둠 짝 토론 (2명)	찬성	
	반대	
모둠 찬반 토론 (4명)	찬성	
	반대	
입장 바꾸어 토론	찬성	
	반대	
모둠 최종 입장	입장	
	이유	
전체 토론 내용	찬성	
	반대	
나의 최종 입장	입장	
	이유	

5. 모서리 토론

토론은 찬반의 두 가지 입장으로 나누는 것이 대부분이다. 하지만 세 개 이상의 다양한 입장이 존재할 때도 많다. 모서리 토론은 이렇게 다양한 입장이 존재할 때, 비슷한 입장의 사람을 같은 모서리에 모이게 해서 각 모서리마다의 입장과 근거를 토론하는 방식이다. 하나의 모서리가 하나의 모둠이 되는 셈이다.

기존의 모둠 토론은 모둠마다 같은 논제를 가지고 토론한다면, 모서리 토론에서는 모둠(모서리)마다 각각의 입장에 공감하는 사람들이 모여서 브레인스토밍 방식으로 의견을 나눈다. 그리고 전체에 그 입장의 장점을 발표하는 과정에서 다양한 입장의 차이나 장단점을 손쉽게 파악할 수 있다.

모서리 토론은 국어 시간 소설 수업을 할 때, 인물 중심으로 모서리를 나누어 각 인물의 입장에서 사건을 설명하거나 공감할 때 유용하다. 모서리 인물이 되어 자기 소개하기, 모서리 인물의 행동 정당화하기, 모서리 인물 중심으로 인물 관계도 그리기 등의 활동이 있다.

모서리별로 활동 내용을 보드에 기록한 다음에 다양한 방법으로 발표할 수도 있다. 이때 모서리의 숫자는 주요 인물 중심으로 6개 이상 다양하게 만드는 것이 효과적이다. 모서리별로 인원이 같을 필요는 없지만, 어느 한쪽으로 지나치게 몰리지 않도록 교사가 적절하게 개입하여 인원을 분배할 필요도 있다. 한 모서리의

모서리 토론 중인 모습

인원이 4~6명이 되도록 하는 것이 적절하다.

모서리 토론은 본격적인 토론에 앞서 다양한 근거를 생각하게 하는 예비 토론이며, 차후 전체 토론이나 패널 토론으로 연결하는 것이 바람직하다. 전체 모서리가 이야기를 나누는 자리에서 합리적인 의견 제시를 통해 다른 선택을 한 사람들을 설득하여 자기 모서리로 옮겨오게 하면 높은 점수를 받는다. 토론 진행 방식은 다음과 같다.

1. 주제 유형 만들기 : 하나의 주제에 다양한 의견이 나올 수 있도록 유형을 제시한다.
2. 모서리 정해주기 : 주제에 같은 입장의 사람들이 모일 수 있

도록 모서리를 정해준다.

3. 모서리에서 만나기 : 참석자들은 자신이 결정한 모서리에 가서 같은 선택을 한 사람들을 만난다. 이때 결정은 주체적으로 해야 하며 친소(친함과 친하지 아니함) 관계에 얽매이거나 다수가 선택한다고 해서 분위기에 휩쓸리지 않도록 해야 한다.
4. 모서리에서 토론하기 : 각 모서리에서 자신의 의견을 이야기하고, 자유롭게 토론한다. 조장을 정하여 전체의 의견을 정리한다.
5. 활동지 활용하기 : 활동지에 그 모서리를 선택한 이유를 간단하게 적는 시간을 먼저 가지면 의견을 나누는 데 도움이 된다.
6. 발표 및 종합 토론 : 전체가 모인 곳에서 모서리별로 발표하고 종합 토론을 한다. 모서리에서의 토의를 마치면 한 사람이 대표로 나와서 그 입장을 선택한 이유를 설명하고 다른 선택을 한 사람들을 설득한다. 한 모서리에서 발표하면 다른 모서리에서 질문하고 발표한 사람이 대답한다. 다른 모서리 대표들도 나와서 발표한 후 문답의 과정을 거친다. 발표자가 발표를 했을 때, 부분에 치우치거나 빠진 이야기가 있을 수 있다. 그럴 때는 그 모서리의 다른 사람이 보충 발표를 할 수 있도록 시간을 준다. 발표 후 종합 토론은 패널 토론 형식으로 할 수도 있다.
7. 모서리 옮기기 : 발표 및 종합 토론을 마치고 나면, 교사는

학생들에게 모서리를 옮길지 여부를 묻는다. 이때 모서리를 이동하는 사람이 나타나면 그 사람을 설득한 모서리가 좋은 토론을 했다고 평가한다.

8. 토론 소감 나누기 및 글쓰기 : 모둠을 옮길 사람이 없고 더 이상 새로운 주장을 할 것이 없으면 참가자들의 토론 소감을 듣는다. 또는 개인별로 자신의 최종 입장을 글로 쓰는 활동을 한다.

모서리 토론은 정답을 찾는 토론이 아니다. 다양한 입장을 공유하는 토론이므로 특정 입장에 너무 매달리지 않도록 해야 한다. 다음은 울산교육청 교실 수업 개선 지원단 구은회 선생님의 중학교 3학년 국어 공개 수업에서 실시한 모서리 토론의 사례이다.

'〈기억 속의 들꽃〉이라는 소설에서 주인공 명선이의 죽음은 누구의 책임이 가장 크다고 생각하는가?'를 논제로 제시하였다. 전시 수업에서 명선이의 죽음에 가장 큰 책임이 있다고 주장하는 '명선이, 나, 나의 아버지, 어머니, 숙부, 전쟁, 마을 사람들'로 7개의 모서리를 구성하였다. 본 수업에서는 다음과 같은 활동지로 모서리 토론을 진행하였다. 모서리 토론 진행 후 모서리별로 대표를 선정하여 패널 토론 형식으로 토론을 이어나갔다.

〈활동지 샘플〉

모서리 토론 활동지	
참가자	
주장	명선이의 죽음은 ( )의 책임이 가장 크다.
근거	

〈예상되는 반론〉

〈재반론〉

다른 모서리로 질문하기	
모서리	질문 내용

6. 패널 토론

패널 토론은 각 모둠에서 패널을 선정하여, 패널들이 모둠을 대표하여 토론을 진행하는 것이다. 패널 중심으로 토론이 이루어지며, 이때 다른 학생들은 단순한 방청객의 역할에서 벗어나 적절하게 자기 모둠의 패널을 지원하는 발언을 할 수도 있다.

모둠별 찬반 토론이나 모서리 토론의 경우 토론 이후 모든 학생을 대상으로 전체 토론으로 연결하는 것이 자칫 부담스러울 수 있다. 반면 패널 토론은 각 모둠에서 선정한 비교적 우수한 대표자가 중심이 되어 토론을 진행하게 되고, 그 과정에서 방청객 발언 등으로 자연스럽게 전체 토론으로 연결할 수 있다.

패널 토론 중인 모습

토론 진행 방식은 다음과 같다.

1. 모둠 토론이나 모서리 토론을 하면서 패널을 선정한다.
2. 패널은 순서대로 모둠 토론이나 모서리 토론에서 토의한 내용을 중심으로 발표한다.
3. 모든 패널의 발표가 끝나면 패널 간에 찬반 토론 또는 반박이나 재반박이 이루어진다.
4. 필요한 경우 방청객이 질문이나 반박, 자기 모둠의 패널을 지원하는 발언을 할 수도 있다.
5. 방청객은 활동지를 적는다. 토론 후 자신의 최종 입장을 적게 한다.

앞서 구은회 선생님의 공개 수업에서 실시한 모서리 토론과 연결된 패널 토론의 활동지를 소개한다.

〈활동지 샘플〉

패널 토론 활동지			
논제	명선이의 죽음은 누구의 책임이 가장 크다고 생각하는가?		
패널	범인	주장의 근거	주장 타당도
	명선이		☆ ☆ ☆ ☆ ☆
	나		☆ ☆ ☆ ☆ ☆
	아버지		☆ ☆ ☆ ☆ ☆
	어머니		☆ ☆ ☆ ☆ ☆
	숙부		☆ ☆ ☆ ☆ ☆
	전쟁		☆ ☆ ☆ ☆ ☆
	마을 사람들		☆ ☆ ☆ ☆ ☆
방청객 질문			
질문자	대상자	질문 내용	반박
			☆ ☆ ☆ ☆ ☆
			☆ ☆ ☆ ☆ ☆
			☆ ☆ ☆ ☆ ☆
			☆ ☆ ☆ ☆ ☆

7. 찬반 대립 토론

하나의 논제에 대하여 찬성 측과 반대 측으로 모둠을 나눈 뒤 토론(Debate)하는 것으로, 가장 기본적인 토론 방법이다. 토론 대회에서는 이 방법으로 일정한 절차와 규칙에 의해 토론을 진행하고, 토론 후 논리성과 창의성 등을 따져 승패를 가른다. 하지만 필자의 토론 수업에서는 승패를 따지는 것이 아니라, 논리적 사고력과 민주시민 의식을 키우는 것이 목적이었으므로 절차도 간소화하고 별도의 승패를 가르지 않았다.

윤리 과목의 특성상 사형 제도, 안락사, 낙태, 동성 결혼 찬반 등 찬반 대립 토론이 가능한 다양한 내용이 있다. 기본적인 형식을 갖추어 토론하면 교사는 최소한의 개입으로 쉽게 토론 수업을 진행할 수 있다.

찬반 대립 토론의 경우 한 차시에 모든 토론을 끝내기는 어렵다. 1차시에는 모둠 구성, 논제 제시, 근거 만들기 등의 활동을 한다. 2차시에 본격적인 토론이 이루어지며 입론, 반론 및 재반박, 전체 토론으로 이어진다. 다음은 필자의 토론 수업에서 진행된 찬반 대립 토론 사례들이다.

〈1차시〉

① 모둠을 구성한다. 학급 전체의 인원을 고려하여 찬성 4모둠, 반대 4모둠으로 구성했다. 이때 굳이 학생들에게 찬반을 조사하여 구성할 필요는 없다. 시간이 많이 걸릴뿐더

러, 토론 수업의 목적이 상대방을 이기기 위함이 아니라 주장에 합당한 근거를 만드는 논리적 사고를 키우기 위해서이기 때문이다. 실제 대부분의 토론 대회에서도 미리 찬성과 반대 팀을 나누지 않고, 즉석에서 정한다.

② 논제 제시 및 논제 배경을 설명한다. 본 수업에서 논제는 '적극적 안락사, 허용되어야 한다'이다. 고등학교 '생활과 윤리' 교과의 '생명과 윤리' 단원에서 선택했다. 안락사의 개념 설명, 안락사의 종류, 안락사가 사회적 이슈가 된 사건 등을 설명한다. 필자는 논제에 대한 흥미와 토론의 동기 유발을 위해 〈밀리언 달러 베이비〉라는 안락사를 주제로 한 영화를 17분 정도 편집해서 보여주었다.

③ 토론 개요서를 배부하고 근거, 예상 반론 및 재반박에 대해 모둠별 토의를 한다. 입론을 발표할 사람을 정하고, 근거 등을 만들기 위해서 브레인스토밍으로 자유롭게 토론한다. 필요할 경우 스마트폰을 사용하게 한다. 스마트폰은 처음부터 사용하는 것보다 학생들이 자신의 생각으로 토론할 수 있도록 일정 시간이 지난 뒤 사용하게 하는 것이 바람직하다.

〈토론 개요서〉

찬반 대립 토론 개요서	
논제 : 적극적 안락사, 허용되어야 한다.	
모둠원	
근거	
예상 반론	
재반박	

〈2차시〉

① 입론 토론 : 모둠별로 1차시에서 토론한 근거를 바탕으로 발표 원고를 작성한다. 토론 대회의 입론에는 논제의 배경, 용어의 개념 정리, 주장과 근거 등의 내용을 포함하지만 수업에서는 시간 관계상 근거만 발표한다. 근거는 2~3개 정도가 적당하며 〈3장〉 '하브루타를 활용한 논술 심화

수업'에서 제시한 툴민의 토론 6단 논법의 3, 4단계인 '이유'와 '설명'의 형식으로 발표한다. '이유'는 근거의 핵심 내용을 주제어+서술어의 형식으로 짧고 명확하게 표현한다. 예를 들어 '안락사를 허용해야 한다'에 대한 찬성의 이유는 '생명의 자기 결정권을 존중해야 한다', '환자와 가족의 고통을 감소시키기 때문이다' 등이 될 수 있다. 이렇듯 이유만으로 근거의 전체 내용이 파악 가능하도록 요약하는 것이 바람직하다. '설명'은 구체적 사례, 통계, 보충 설명 등을 통해 '이유'를 풍부하고 설득력 있게 받쳐준다. 이는 토론이나 논술에서 승패를 좌우하는 가장 중요한 요소이다. 보충 설명, 사례, 통계, 전문가 의견 인용 등을 통해 근거의 타당성을 높이는 것이다.

② 입론 발표 : 모둠별로 발표자가 입론을 발표한다. 발표자는 발표 후 근거를 요약하여 판서한다.

③ 반론 토의 : 판서 내용을 보면서 모둠별로 상대방의 근거에 대한 반론 자료를 토의한다. 입론 내용에 대해 근거의 타당성, 자료의 적절성 등을 검토하여 오류를 찾아낸다.

④ 반론 및 재반박 : 모둠별로 반론 토의를 바탕으로 상대 근거에 비판적으로 반론한다. 질의와 답변 형식으로 찬성 측이 먼저 질문하고, 반대 측이 답변한다. 물론 1차시에서 예상 반론 및 재반박을 미리 예상하고 대비하는 것이 효과적이다.

⑤ 전체 토론 : 자연스럽게 전체 토론으로 이어진다.

⑥ 자신의 입장 적기 : 최종 토론 후 간략히 자신의 입장을 적는다.

〈토론 활동지〉

찬반 대립 토론 활동지	
논제 : 안락사는 허용되어야 한다.	
모둠원	
입론	• 찬성 • 반대
반론 토의	
재반박	

〈토론 수업 지도안〉

<table>
<tr><td rowspan="2">단원</td><td colspan="2" rowspan="2">II-1 삶과 죽음의 윤리
(3) 안락사의 윤리적 쟁점</td><td>일자</td><td></td><td>교사</td><td>이성일</td></tr>
<tr><td>차시</td><td></td><td>장소</td><td></td></tr>
<tr><td>학습
목표</td><td colspan="6">1. 안락사의 윤리적 쟁점을 설명할 수 있다.
2. 적극적 안락사에 대한 자신의 견해를 발표할 수 있다.</td></tr>
<tr><td rowspan="2">단계</td><td rowspan="2">지도 내용</td><td colspan="5">교수·학습활동 내용</td></tr>
<tr><td>교수 내용</td><td colspan="4">학습활동 내용</td></tr>
<tr><td>도입
15분</td><td>• 인사
• 단원 소개
• 동기 유발
• 학습 목표</td><td>- 안락사의 윤리적 쟁점
- 영화 〈밀리언 달러 베이비〉를 보여준다.
- 안락사에 대해 자신의 견해를 발표할 수 있다.</td><td colspan="4">- 영화를 보면서 안락사에 대해 생각한다.
- 학습 목표를 따라 읽는다.</td></tr>
<tr><td>전개
30분</td><td>• 질문(1분)
• 입론 토의(7분)
• 조별 발표(7분)
• 조별 토의(5분)
• 전체 토론(10분)</td><td>- 영화에서 주인공이 요구하는 안락사의 종류는 무엇인가?
- 조별로 입론 자료를 토론하게 한다.
- 조별로 찬반 입론을 발표하게 한다.
- 조별로 반론 토의를 하게 한다.
- 전체 토론을 하게 한다.</td><td colspan="4">- 학습지를 보고 대답한다. 정답은 적극적 안락사이다.
- 입론 발표 자료를 정리한다.
- 조별로 찬반 입론을 발표하게 한다. 발표 후 판서한다.
- 칠판을 보면서 토론에 열심히 참여한다.
- 조별로 반론하고, 이에 재반박한다.</td></tr>
<tr><td>정리 및
차시
예고
5분</td><td>• 학습 정리
• 토론 평가
• 차시 예고</td><td>- 교과서 내용을 중심으로 학습 정리를 한다.
- 토론 평가지를 배부한다.
- 차시 예고를 한다.</td><td colspan="4">- 학습지를 보면서 정리한다.
- 토론 평가지를 작성한다.</td></tr>
</table>

8. 토론의 평가

토론 수업을 할 때 교사는 다음과 같은 자기 평가지를 통해 학생 스스로의 토론 태도를 평가하고, 정리하는 기회를 제공하는 것

4. 미니 모둠 토론

토론에서 학습자는 찬성 혹은 반대로 자신의 입장을 정한다. 이는 자신이 속한 입장에서 근거를 찾기에는 효과적이지만, 상대편의 입장이나 다양한 입장을 이해하기에는 한계가 있다.

미니 모둠 토론은 모둠(4명) 내에서 찬성 모둠(2명)과 반대 모둠(2명)의 미니 모둠을 정하여 토론한 후, 입장을 바꾸어 토론하게 한다. 이를 통해서 논제에 대한 다양한 입장과 근거를 탐구할 수 있다. 또한 서로의 입장을 이해하고 합리적인 해결 방안을 찾도록 도와준다.

미니 모둠 토론 중인 모습

필자는 중학교 도덕 수업 컨설팅을 하면서 '청소년기와 외모지상주의' 단원에서 '외모지상주의는 능력인가, 차별인가?'를 논제로 미니 모둠 토론을 접하였다. 토론 진행 방식은 다음과 같다.

1. 미니 모둠 구성하기 : 토론 주제를 제시한 후, 4명으로 모둠을 만든다. 모둠 내에서 찬성 측과 반대 측 각각 2명씩 미니 모둠을 구성한다.
2. 미니 모둠 짝 토론(2명) : 미니 모둠 내에서 발표할 내용을 의논한다. 교재와 학습지, 알고 있는 정보, 자료, 경험에 의거하여 찬반에 대한 근거를 생각한다.
3. 모둠 찬반 토론(4명) : 찬성 측(2명)과 반대 측(2명)이 서로 마주 보며 주제에 대한 근거를 토론한다.
4. 미니 모둠 입장 바꾸어 토론하기 : 찬성과 반대의 입장을 바꾸어 토론한다. 이를 통해 상대방의 입장을 충분히 이해할 수 있으며, 전체 토론으로 이어질 경우 반박 자료를 만드는 데 유용하다.
5. 모둠 최종 입장 정하기 : 두 개의 미니 모둠으로 나누어 지금까지 토론한 내용을 바탕으로 4명의 모둠원이 한 가지로 입장을 결정한다. 찬성 측이나 반대 측, 또는 절충적인 대안 등 하나의 의견으로 근거를 제시하여 정리한다.
6. 모둠 토론 결과 발표하기 : 모둠원의 의견을 종합하여 모둠 토론 결과를 학습지에 기록하고 모둠장이 발표한다.

5장

생활기록부에 도움을 주는 수업

대학 입시에서는 학교 생활기록부의 내용이 매우 중요한 영향을 미친다. 〈1장〉에서 밝힌 바와 같이, 대학 입시에서 학생부 종합 전형의 비율이 점차 확대되고 있다. 생활기록부에는 내신성적뿐만 아니라 출결, 수상 내역, 동아리 활동, 봉사 활동, 자치 활동 등의 다양한 활동이 기록된다. 최근에는 학생부 종합 전형에서 교사가 수업 시간에 학생의 활동과 태도를 관찰하여 기록하는 과목 세부능력 및 특기 사항의 중요도가 증가하는 추세이다. 수도권 대학 입학사정관과의 Q&A를 통해서 과목 세부능력 및 특기 사항의 중요도를 알아보고자 한다.

Q. 생활기록부 작성 시 어떤 부분에 관심을 가지고 기술해야 한다고 생각하시나요? _〈고려대학교〉

A. 생활기록부에 학생 개인에 대한 의미 있는 자료가 기재되어야 합니다. 양은 중요하지 않습니다. 학생을 관찰하고 학생이 갖고 있는 우수성을 세세하게 어필한다면 좋은 생활기록부가 될 수 있습니다. 특히 과목 세부능력 및 특기 사항과 행동 특성 및 종합 의견은 매우 중요하게 생각합니다. 다른 학생도 모두 지니고 있는 자료를 기술하지 말고 그 학생만의 특성, 우수성이 드러날 수 있도록 학교에서 기록해야 합니다.

Q. 전반적으로 선생님들이 너무 두루뭉술하게 생활기록부를 기록하는 것으로 알고 있습니다. 어떻게 기록해야 하나요? _〈고려대학교〉

A. 우리가 원하는 것은 학생 활동의 세부적인 요소이고 우수

성입니다. 간략하게 기록하더라도 학생의 특성이 구체적이고 정확히 드러나는 자료이면 좋습니다. 과목 세부능력 및 특기 사항은 개인의 학업 능력과 창의력을 확인할 수 있는 영역으로, 개인 특성이 잘 드러나게 작성해야 합니다. 그리고 생활기록부에 기재되지 않은 지원자의 특성이나 역량을 알 수 있는 내용을 추천서나 자기소개서에 언급하면 좋겠습니다.

Q. 생활기록부 10개의 항목 중 평가에서 가장 중요하게 활용하는 세 가지는 무엇인가요? _〈서강대학교〉[1]

A. 교과 성적과 '세부능력 및 특기 사항'으로 구성된 '교과학습발달상황'을 가장 중점적으로 봅니다. 그다음에 함께 주로 보는 것이 수상 경력과 창의적 체험 활동 상황입니다. —중략— 내신성적은 좋지 않지만 수학 경시대회에서 매번 상을 타는 학생이 있습니다. 이것만 보고는 이 학생이 수학을 잘하는지, 못하는지 알 수 없습니다. 하지만 동아리와 세부능력 및 특기 사항을 함께 본다면 '이 학생은 내신성적은 조금 떨어지지만 수학을 좋아하고 열심히 하는구나'라고 평가하게 됩니다.

Q. 학생부 종합 전형을 시행하면서 어떤 부분의 변화가 눈에 띄는가요? _〈중앙대학교〉

A. 최근 생활기록부에서 세부능력 및 특기 사항의 변화가 컸습니다. 수업에서 보였던 수행평가, 개인적인 발표 등 이런 기록들이 구체화되었습니다. 긍정적으로 변하고 있다고 생각합니다.

1. 에듀 동아(edu.donga.com), 2017년 1월 5일

학생부 종합 전형의 과목 세부능력 및 특기 사항을 제대로 적기 위해서는 강의식 수업으로만은 곤란하다. 교사는 수업에서 학생들에게 활동의 장(場)을 제공해야 한다. 학생들이 수업에서 주도권을 가지고 참여할 수 있도록 설계해야 한다. 이러한 수업의 변화를 통해 학생 개개인의 특성과 우수성이 드러나는 학교 생활기록부 작성이 가능하다. 이 장에서는 학생들의 학업 역량을 잘 표현하게 함으로써 과목 세부능력 및 특기 사항 기록에 도움을 주는 수업 사례를 위주로 소개한다.

1. 주제 발표

주제 발표는 학생이 교과와 관련한 주제를 선택하여 깊이 있게 조사한 후 3~5분 정도 발표하는 것이다. 발표 주제는 학생들이 스스로 선정할 수도 있고, 교사가 여러 개를 정한 후 학생들이 선택하게 할 수도 있다. 학생들이 선정할 경우, 자신이 흥미 있는 내용이나 진로와 관련한 주제를 선정하게 한다. 가능한 예습보다는 이미 수업에서 다룬 복습 중심으로 내용을 정하게 한다.

교사가 정할 경우, 발표 내용이 전체 수업의 이해에 도움되도록 교과의 핵심 내용을 적절하게 분배하여 정한다. 이때 중요한 것은 반드시 주제 발표의 마지막 단계에서 배우고 느낀 점을 발표에 포함하게 하는 것이다. 이를 통해 교사는 과목 세부능력 및 특기 사항에 효과적으로 활용할 수 있다. 주제 발표 수업의 절차는 다음과 같다.

1. 주제 및 발표자를 선정한다. 수업 진도가 한 달 정도 진행된 후에 주제를 선정하는 것이 효과적이다. 학생의 입장에서 교과에 대한 기본적인 정보가 제공되고 흥미나 관심 분야가 정해지기 때문이다. 주제 및 발표자 선정은 최소한 주제 발표의 보름 전에는 이루어져야 한다.
2. 학생은 파워포인트(PPT), 웹, 동영상 등의 자료를 적절히 활용하여 발표 자료를 만든다. 이때 반드시 주제 선정 동기를 포함하고, 마무리는 배우고 느낀 점을 발표하게 한다.
3. 발표하기 이틀 전에는 교사의 검토를 받게 한다. 이때 교사는 자료의 타당도, 분량의 적절성 등을 검토한다.
4. 수업 시작과 동시에 5분가량 주제 발표를 한다. 필요할 경우 동영상 촬영을 해서 학생에게 보여줄 수도 있다. 발표 후 질의응답 시간을 가진다.
5. 발표한 PPT 자료는 동영상을 포함하여 교사에게 제출한다.

주제 발표는 두 가지 방법이 있다. 먼저, 어느 정도 진도가 나간 후 매 수업 시간 시작과 동시에 하는 경우가 있다. 이는 수업 내용에 대한 적절한 반복 학습의 효과가 있다. 또한 교사가 핵심 주제를 선정하여 시험 기간 전 한 주에 걸쳐 집중적으로 주제 발표만으로 수업을 진행할 수도 있다. 이럴 경우 시험 직전에 집중적인

주제 발표 중인 수업 모습

복습이 이루어질 수 있다.

주제 발표 수업은 발표 학생의 입장에서는 자신의 흥미·진로와 관련한 내용에 대해서 교과서 외에 다양한 자료를 참고하여 주제에 대한 깊이 있는 공부가 이루어진다. 또한 친구들에게 내용을 이해하기 쉽게 전달하기 위해 노력하는 과정에서 메타인지가 상승한다. 당연히 발표력이 향상되는데, 이는 다른 토론 수업에도 영향을 미칠 뿐 아니라 대입을 위한 면접에서 올바른 태도를 함양하는 데 도움을 준다. 특히 주제 선정 과정과 준비, 발표 후 배우고 느낀 점 등은 자기소개서에도 활용할 수 있다.

듣는 학생의 입장에서는 파워포인트나 동영상을 통해 복습이 이루어지게 한다. 실제 발표 자료에는 교사의 입장에서는 생각하기 어려운 학생들의 다양한 시각과 요약·정리가 이루어지며, 만화 등의 자료도 등장한다. 이런 발표가 수업 시작과 동시에 이루어지면 교사가 강의를 바로 시작하는 것보다 학생들의 집중력을 유지시키는 효과도 있다. 실제 필자의 경험상 주제 발표 때 학생 대부분의 집중도가 높아짐을 알 수 있었다.

교사의 입장에서는 학생들이 만들거나 발견한 동영상 등의 자료를 다른 학급의 수업에서도 활용할 수 있어, 보다 흥미 있는 수업에 도움을 준다. 무엇보다 가장 큰 장점은 과목 세부능력 및 특기 사항에 활용할 수 있다는 것이다. 이를 위해서는 발표 내용에 반드시 주제 선정 동기와 배우고 느낀 점을 포함하도록 지도해야 한다. 필자의 학교에서 있었던 과목별 주제 발표 사례는 다음과 같다.

〈과목별 주제 발표 사례 예시〉

과목	방 법
윤리	1. 횟수 : 학기별 20회(수업 시작 시 3분 내외 발표) 2. 방법 : 교과 관련 주제를 20개 선정. 주제와 발표일 배부. 1, 2, 3지망을 적게 한 후 중복 시 발표자 조정. PPT, 동영상 등의 자료 활용. 수업 전 교사의 첨삭
한국사	1. 횟수 : 매시간 2명(주제당 3분 발표 후 질문 3명씩) 2. 방법 : 교과 관련 자유 주제. 수업 전 발표 내용 첨삭. 질문에 대답을 못했을 경우 다음 시간 조사해서 발표
과학	1. 횟수 : 주 1회 조별 발표(15분 발표, 5분 질의응답) 2. 방법 : 모둠 형성(3인 1모둠). 수업 주제 20여 개 선정해서 조별 선택(준비 기간 한 달). 정해진 날짜에 보고서, PPT 일괄 제출
사회	1. 횟수 : 매시간 모든 학생 1회 실시(5분 발표) 2. 방법 : 발표 후 질의응답. 각 모둠별로 평가를 통해 점수를 부여. 발표 전 교사의 내용 점검 및 피드백 실시. 발표 후 자료는 카페에 업로드

주제 발표 내용을 과목 세부능력 및 특기 사항에 기재한 사례는 다음과 같다.

- 맹자와 순자의 사상을 비교하는 주제 발표를 함. PPT를 통해 성선설과 성악설, 맹자의 의(義)와 순자의 예(禮) 사상, 왕도와 예치에 대해 다양한 시각 자료를 첨부하여 알기 쉽게 비교하여 설명함. 자료 수집과 분석 능력이 뛰어나며, 핵심을 잘 파악하여 알기 쉽게 전달함. 이를 통해 다른 사람 앞에서 발표하는 것에 자신감을 가지게 됨.
- 불교의 연원과 전개에 대한 주제 발표를 함. PPT를 통해 불교의 발생, 연기설, 삼법인설, 대승불교와 소승불교 비교, 교종과 선종 등에 대해 발표함. 질문 노트라는 슬라이드를 통해 Q&A 방식으로 설명해 친구들의 이해를 도움. 특히 공사상에 대해 무엇을 담는가에 따라 쓰레기통이 될 수도, 바구니가 될 수도 있음을 이야기하면서 사물의 실체가 정해져 있지 않음을 쉽게 설명하여 급우들로부터 좋은 반응을 얻음. 이를 통해 자료 수집과 발표의 어려움을 알게 되었고, 더 많은 준비가 필요함을 깨달음.
- 이황과 이이에 대한 주제 발표를 함. PPT를 통해 이황의 이기호발설, 경(敬) 사상, 그리고 이이의 기발이승일도설, 이통기국론 등을 설명함. 두 사상가의 차이점을 이(理)의 운동성 여부, 사단의 근원, 사단과 칠정의 관계로 나누어 설명하여 급우들의 이해를 도움. 특히 두 사상가의 높은 학문 소양과 업적을 통해 왜 지폐에 새겨졌는지를 강조함으로써 급우들의 흥미를 유발함. 친구들이 발표에 집중할

〈평가지 예시〉

주제 발표 평가지				
일시	월 일 교시	발표자	반 번 이름	
주제				
영역	평가 항목	배점	내 용	점수
자료 제작 (30)	1. 주제 선정의 적합성	10	- 교과에 맞는 주제 선정 - 주제 선정 동기의 적합성 (흥미, 진로 고려)	
	2. 자료 내용 및 구성	10	- 내용에 대한 충분한 이해 - 자료의 충실성	
	3. 자료의 효과성	10	- 주제 이해에 미치는 효과 정도	
발표 (50)	4. 발표력	10	- 바른 태도로 자신감 있게 발표 - 발표 내용을 효과적으로 전달	
	5. 논리성	10	- 내용의 논리적 설명	
	6. 호응도	10	- 듣는 학생들의 반응	
	7. 배우고 느낀 점	20	- 주제 발표 탐구 과정 및 발표 후 배우고 느낀 점	
창의 (20)	8. 창의성	20	- 자료 및 발표의 창의적 아이디어	
계		100	총점	
배점	10점 : 3~4점(미흡), 5~6점(보통), 7~8점(우수), 9~10점(매우 우수)			
	20점 : 9~11점(미흡), 12~14점(보통), 15~17점(우수), 18~20점(매우 우수)			

수 있게 재미있는 요소를 추가하는 것의 필요성을 깨달음.

- 이황과 이이에 대한 주제 발표를 함. PPT를 통해 두 사상가의 이기론, 수양론의 차이에 대해 그림을 그려서 설명하여 학생들이 쉽게 이해하도록 도움. 특히 이황의 매화 이

야기, 이이의 십만양병설 등의 일화를 통해 급우들의 흥미를 불러일으킴. 발표를 준비하면서 친구들에게 쉽게 설명하기 위해 노력하는 과정에서 내용에 대해 깊이 있는 개념 정립을 함. 발표 시 긴장을 통해 더 많은 준비의 필요성을 깨달음.

2. 학생이 진행하는 수업

학생이 한 시간 분량의 수업을 직접 준비해서 진행하는 것을 말한다. 한 학기에 1~2회 정도가 적당하다. 사범대학교나 교육대학교에 진학하고자 하는 학생에게 매우 유용하다. 교사가 꿈인 학생으로서 예비 교사가 되어보는 것은 진로를 결정하는 과정이나, 앞으로의 공부에 좋은 영향을 미칠 수 있다.

이 수업을 진행했을 때 놀랐던 점은 학생들의 참여도와 집중도가 높다는 것이다. 어떤 학급의 경우, 과반수가 예체능 학생으로 구성되어 평소 교사의 수업에도 조는 학생이 많았다. 하지만 친구가 진행하는 수업에서는 호기심 때문인지 모두가 집중력 있게 참여했다. 진행 절차는 다음과 같다.

1. 수업할 학생을 정한다. 교사가 임의로 정하기보다는 학생들이 자발적으로 신청하도록 유도한다. 자기소개서에 도움이 되고, 과목 세부능력 및 특기 사항에 포함한다고 설명한다.

2. 수업 단원을 정한다. 가능한 한 달 정도의 여유가 있어야 적절히 준비할 수 있다. 교과 내용의 기본적 이해를 위해 반드시 1~2개의 EBS 강의나 인터넷 강의를 듣게 한다. 그리고 교사는 수업 지도안 양식을 제공한다. 이때 수업 진행에 대한 기본적인 컨설팅을 한다. 학습 목표, 동기 유발, 수업 내용, 형성평가 등의 과정을 설명한다. 반드시 학생이 참여할 수 있는 활동을 포함하도록 한다.
3. 보름 전에는 1차 지도안 컨설팅을 한다. 활용할 자료나 내용 등을 검토한다. 특히 학생이 참여하는 활동 부분을 주의해서 지도한다. 가능한 교사가 활동 내용을 제시하지 않도록 한다.
4. 일주일 전에는 2차 컨설팅을 한다. 전체 수업의 흐름과 지도 내용, 학생 참여 활동 등을 조언한다.
5. 학생이 직접 수업한다. 수업 도중에 가능한 교사는 개입하지 않는다. 그리고 학생 수업 장면을 동영상으로 촬영한다.
6. 수업이 끝나면 학생들의 질문을 받는다. 미리 지정 질문자를 선정하면 참여도나 집중도를 높일 수 있다.
7. 교사가 정리한다. 수업 후에는 반드시 교사의 의견을 이야기하고 수업 정리를 해야 한다. 수정해야 할 내용, 주의점 등은 메모하여 추후 지도한다.
8. 수업 학생은 자신의 동영상 수업을 본 후 배우고 느낀 점을 중심으로 교사에게 소감문을 제출한다. 이를 바탕으로 학생은 자기소개서에, 교사는 과목 세부능력 및 특기 사항에 활

용할 수 있다.

다음은 교사가 꿈인 학생의 수업 사례이다. 학생은 '롤스의 정의론'에서 공정한 절차를 위해 자신이 유리한 입장인지, 불리한 입장인지 모르는 가상 상황인 무지의 베일을 설명하기 위해 검은 비닐봉지를 들고 나와 학생들에게 덮어씌우는 퍼포먼스를 했다. 필자는 이 퍼포먼스를 다른 교실의 수업에서 계속 활용하고 있다. 교사가 학생에게도 배우는 것이다.

학생의 수업 소감문과 지도안을 수록한다. 학생은 별도의 수업 진행용 지도안을 만들어 수업 시 말하는 모든 내용을 시나리오로 만드는 등 많은 준비를 해왔다.

■ 수업 소감문

윤리 시간에 제가 직접 한 시간 동안 수업을 진행할 수 있는 기회를 갖게 되었습니다. 사회학에 관심이 많은 저는 복지와 관련하여 '롤스의 정의론'을 주제로 삼았습니다. 이 부분을 처음 공부하였을 때에는 너무 어려워서 잘 이해되지 않았습니다. 하지만 '가르쳐야 하는 내가 이해를 못하고 있는데, 어떻게 친구들을 이해시키지?' 하는 생각으로 해당 부분의 EBS 강의를 반복해서 듣고, 관련 기출문제를 학습하고, 교재를 공부했습니다. 이와 같은 학습 내용의 이해를 바탕으로, 구체적인 수업 지도안을 작성했습니다.

선생님께서 보여주신 수업 지도안 사례를 보면서, 50분의 수업을 위해 많은 것을 계획해야 하며, 여러 가지 기대 효과들을 의도해야 하고, 지도 내용을 체계적으로 정리해야 함을 새롭게 알게 되었습니다. 또한 발표할 학생을 뽑기 위해 공을 던져서 학생을 지목하는 등 여태껏 사소해 보였던 수업 중 선생님의 행동 하나하나에도 의도하는 바가 담겨 있었음을 알게 되었습니다.

저 역시 이러한 예시를 바탕으로 꼼꼼하게 수업 지도안을 작성해나갔습니다. 수업의 도입 부분에서는 롤스의 분배론을 반영한 유럽 복지 국가들의 위기를 역설하는 최근의 기사를 활용하여 학생들의 흥미와 동기를 유발하고, 학생들의 적극적인 수업 참여를 이끌어내기 위한 특수한 수업 참여 환경을 설계하였습니다. 또한 본격적인 수업 전개 부분에서는 학생들과 소통하는 수업을 위해 가능한 많이 질문하고, 간단한 농담도 준비하였습니다. 그리고 프린트를 통한 '오늘의 포인트 정리'와 기출문제 풀이로 수업을 정리하였습니다.

1차 지도안 작성을 바탕으로 선생님과 컨설팅 과정을 거쳤습니다. 이 과정에서 바람직한 학습 목표 진술 방법, 학습 목표와 학습 내용 및 형성평가의 일관성, 학생 참여 수업의 중요성 등을 교육받았습니다. 이를 비탕으로 수업 전날에는 학습 목표를 두 가지로 줄이고 종결 형태로 수정하였으며, 이 학습 목표와 부합하는 두 가지의 형성평가 문제를 제작하여 추가하였습니다.

실제 수업이 진행되었습니다. 우리 반 학생들은 열심히 수업에 참여하고, 집중해주었습니다. 친구들의 배려와 도움을 바탕으로 계획된 수업 지도안대로 진행할 수 있었습니다. 수업의 후반부에 가서는 친구들과 함께 소통하고 온전히 즐기는 수업을 할 수 있었던 것 같아서 만족스러웠습니다. '교육자로서의 보람됨이 이런 것이구나' 하고 느낄 수 있었습니다. 정말이지 수업이 완전히 끝날 때까지 한 친구도 엎드리거나 졸지 않았습니다. 우리 반 친구들의 배려에 깊은 고마움을 느꼈습니다.

수업이 끝난 후, 선생님께서 촬영해주신 동영상을 통해 수업을 진행하는 제 모습을 직접 보면서 피드백 과정을 가졌습니다. 동영상을 서너 번은 돌려보면서 밤늦게까지 배꼽을 잡고 웃었습니다. 제가 수업 때 했던 농담들이 코미디 프로그램의 개그보다 훨씬 더 재미있게 느껴졌기 때문입니다. 또한 전반적으로 학생들과 많은 대화와 문답, 학생들의 참여를 통해 진행되었던 수업이 만족스러웠습니다. 하지만 상당 부분을 수업 지도안을 바라보면서 수업을 진행했기에, 학생들과 더 많은 눈의 접촉을 할 수 없었던 점은 아쉽게 느껴졌습니다. 수업 내용을 완전히 숙지하지 못했기에 자꾸만 수업 지도안을 보았던 것입니다. 이는 매끄러운 수업 진행을 어느 정도 방해했다고 생각합니다.

제가 만약 선생님이 된다면, 수업 환경에서든 학생과의 개인적인 관계에서든, 학생과 소통할 수 있는 선생님이 되고 싶습니다. 말을 잘하고, 교과 내용에 능숙한 선생님이라 하더라도 일방적으로 전달하는 수업을 진행한다면 유능한 선생님이라고 말할 수 없다고 생각합니다. 수업 시간에 학생들의 집중도가 떨어지거나 잠을 많이 자는 것도 학생의 수업 참여 환경 조성에 실패했기 때문이라고 생각합니다. 물론 현

교육 실태의 현실적인 부분이 이를 어렵게 한다는 사실을 잘 알고 있습니다. 그럼에도 불구하고 즐거운 수업을 위해 항상 노력할 수 있는 열정을 가진 선생님이 되고자 합니다.

〈수업안 예시〉

<table>
<tr><td rowspan="2">단원</td><td colspan="2" rowspan="2">11. 사회복지와 직업 생활 윤리
(1) 사회복지와 윤리
- 롤스의 정의론</td><td>일 자</td><td></td><td>수업자</td><td></td></tr>
<tr><td>교 시</td><td></td><td>장 소</td><td></td></tr>
<tr><td>학습
목표</td><td colspan="6">• 롤스가 말한 원초적 상황을 이해할 수 있다.
• 롤스의 정의의 원칙을 설명할 수 있다.</td></tr>
<tr><td rowspan="2">단계</td><td rowspan="2">지도
내용</td><td colspan="5">교수·학습활동 내용</td></tr>
<tr><td>교수 내용</td><td colspan="4">학습활동 내용</td></tr>
<tr><td rowspan="4">도입
(10분)</td><td>인사</td><td>시작하는 인사</td><td colspan="4">반장 인사</td></tr>
<tr><td>동기
유발</td><td>- 롤스의 정의론과 관련한 신문 기사를 제시한다.</td><td colspan="4">- PPT 자료를 본다.
- 질문에 대답한다.</td></tr>
<tr><td>학습
목표</td><td>- 롤스가 말한 '원초적 상황'을 이해할 수 있다.
- 롤스의 '정의의 원칙'을 설명할 수 있다.</td><td colspan="4"></td></tr>
<tr><td>수업
환경
설계</td><td>- 교실 앞에 미리 배치해둔 의자와 책상에 앉을 학생을 3명 선정한다.</td><td colspan="4">- 손을 들어, 앞으로 나오며, 미리 배치해둔 의자와 책상에 앉는다.</td></tr>
<tr><td>전개
(30분)</td><td>원초적
상황</td><td>1. 원초적 상황
a. 사회적 기본 가치 분배 이전
b. 가상의 상황
c. 개인 = 합리적 이기주의자
d. 무지의 베일
- 사회적, 자연적 우연성 제거
- 공정성 확보 절차 → 위험 회피적 선택(사회적 약자 배려)</td><td colspan="4">- PPT 자료 내용을 필기한다.
- 수업 진행자의 질문에 대답, 소통한다.

- 무지의 베일을 의미하는 검은 비닐봉지를 직접 쓴다.</td></tr>
</table>

전개 (35분)	정의 원칙	1. 평등한 자유의 원칙 a. 정치적 기본권 균등 분배 b. 기본권 제한 불가 2. 사회, 경제적 불평등 허용 ※ 단, 약자에게 유리(차등의 원칙), 기회 균등 보장	- PPT 자료 내용을 필기한다. - 수업 진행자 질문에 대답, 소통한다.
	롤스 사상 의의	- 약자를 배려하는 자본주의 a. 복지 자본주의 세금 확대, 재분배 강조 b. 절차적 정의 절차의 공정 → 결과도 공정 c. 자유주의자, 자본주의자 - 능력, 업적에 따른 분배 - 재분배 - 부 = 사회 공유 자산	- PPT 자료 내용을 필기한다.
정리 예고 (10분)	학습 정리	- 오늘의 포인트 정리 - 형성평가 - 기출문제를 풀이하게 한다. - 차시 예고를 한다.	- 핵심 내용을 상기한다. - 형성평가 및 기출문제를 풀이한다.

3. 릴레이 수업

학생이 진행하는 수업은 단 한 명의 학생이 수업 한 시간 분량을 진행하는 거라면, 릴레이 수업은 3~4명의 학생이 한 차시 분량의 수업을 나누어 진행한다. 한 사람이 전체 수업을 담당하는 것은 학생에게 많은 부담을 주고, 경우에 따라서는 수업을 망칠 위험도 있다. 하지만 릴레이 수업은 한 차시 분량을 여러 명이 나누어 진행하므로 학생들의 입장에서 큰 부담 없이 교사가 되어보는 기회를 맛볼 수 있다. 또한 모둠별로 한 차시의 수업을 담당하게 하여 모든 학생이 수업 진행에 참여하게 할 수도 있다. 릴레이 수업도 학생은 자기소개서에, 교사는 과목 세부능력 및 특기 사항에 활용할 수 있다. 수업의 절차는 다음과 같다.

1. 교사가 수업할 단원을 선정한다. 희망 학생을 3~4명 정도 신청받아 일회성으로 진행할 수도 있고, 모둠 활동을 통해 지속적으로 진행할 수도 있다.
2. 각자의 역할을 분배한다. 교사가 개입할 수도 있고, 학생에게 맡길 수도 있다. 예를 들어 공리주의 단원을 선정했다면 공리주의 등장 배경, 양적 공리주의, 질적 공리주의, 규칙 공리주의 등으로 4명에게 역할을 분배한다.
3. 사흘 전까지 수업 내용을 컨설팅한다. 만약 학생들이 파워포인트로 수업을 진행한다면 각각 나눌 것이 아니라 하나의 자료로 가져오게 한다. 학생들은 30분 내외로 강의만 하고, 교사가 학생 참여 활동을 진행할 수도 있다.
4. 릴레이 수업을 진행한다. 필요 시 동영상 촬영을 하여 학생에게 보여준다.
5. 학생은 수업 후 배우고 느낀 점 등이 담긴 소감문을 작성해서 교사에게 제출한다.
6. 교사가 마무리를 한다. 필요한 보충 설명을 한다.

4. 탐구 보고서 쓰기

중간고사가 끝난 후에는 바로 수업을 진행하기 어렵다. 수업에 대한 학생들의 긴장감과 집중도가 떨어지기 때문이다. 이럴 경우 탐구 보고서 쓰기를 한다. 교과 내용 중 흥미 있거나, 자신의 진로와 관련한 주제를 선택해 보고서를 쓰는 것이다. 주제 발표를 한 학생의 경우, 가능한 연계하여 주제를 선정하라고 조언한다. 이는 한 가지 주제에 대한 심화 학습을 가능하게 한다. 그리고 과정 중심 평가에 반영한다. 이때 내용 등으로 너무 점수를 구분하지 않도록 한다. 채점이 어려울뿐더러 취지가 흥미 분야에 대한 보고서를 쓰는 데 있기 때문이다. 채점은 분량과 보고서 양식에 맞게 작성했는지 여부만을 반영한다.

필자의 학교는 매년 6월에 인문반 학생들을 대상으로 과목별로 탐구 보고서 대회를 개최한다. 이때 필자는 탐구 보고서 쓰기를 대회와 연계한다. 즉, 과정 중심 평가를 수행하는 동시에 탐구 보고서 대회에 참여하는 것이다. 수상 기준에 의하면 대회 참가자의 20퍼센트가 수상할 수 있다. 과목을 수강하는 모든 학생이 대회에 참석하게 되므로 당연히 수상하는 비율도 높다.

학생 중에 태권도부 학생이 있었다. 평소 수업 활동에 거의 참여하지 않았다. 탐구 보고서를 쓰는 시간에도 처음에는 무엇을 해야 할지 몰라 활동을 하지 않았다. 태권도의 역사나 경기 규칙 등 자신의 관심 분야에 주제를 정해보라고 조언했다. 대부분의 과정 중심 평가에 참여하지 않은 그 학생도 탐구 보고서 쓰기에서는 만점을 받았다. 무용을 전공하는 학생의 경우에도 자신의 전공 분야와 관련한 내용을 쓰게 했더니 훌륭히 과제를 수행했다. 절차는 다음과 같다.

1. 중간고사가 끝나면 2차시에 걸쳐 학생들을 컴퓨터실로 데리고 간다.
2. 보고서 쓰는 양식을 교육한다. 주제 선정 이유, 용어 설명, 본론, 자신의 견해, 배우고 느낀 점 등을 적게 한다. 인용문인 경우 반드시 출처를 밝히게 한다. 분량은 3~5페이지가 적당하다.
3. 2차시에 걸쳐 보고서를 작성하고, 교사의 이메일로 보내게 한다.
4. 교사는 이를 과정 중심 평가에 반영하고, 우수 탐구 보고서는 수상한다.
5. 학생은 자기소개서에 쓸 수 있고, 교사는 과목 세부능력 및 특기 사항에 반영할 수 있다.

탐구 보고서 내용을 과목 세부능력 및 특기사항에 기재한 사례는 다음과 같다.

– '공자와 마르크스 비교'라는 주제로 탐구 보고서를 작성

함. 두 사상가의 입장을 사회 구조를 보는 관점, 사회 문제의 원인을 보는 관점의 차이로 나누어 서술함. 이러한 차이점이 중국 공산주의 운동에서 문화대혁명으로 연결되어, 유교 탄압으로 이어졌음을 설명함. 공자의 극기복례가 마르크스의 유물사관을 전면 부정하는 입장이 될 수 있고, 정명사상이 마르크스의 계급투쟁 사상과 상충 관계에 있음을 제시함. 이를 통해 노동자들을 위한 경영과 윤리경영을 깊이 생각해보는 시간을 가지게 되었고, 사회적 기업가라는 자신의 진로와 관련하여 인문경영을 실천하고 싶다는 생각을 가짐.

- 원효와 하이데거의 비교를 주제로 탐구 보고서를 작성함. 서양철학과 하이데거의 본체와 현상, 불교 철학과 원효의 본체와 현상을 조사함. 이를 통해서 두 사상가를 깊이 알게 된 계기가 되었고, 서양철학과 동양철학의 근본이 다르지 않음을 깨닫게 됨.
- 소크라테스와 플라톤에 대한 탐구 보고서를 작성함. 소크라테스의 생애와 사상, 대화법, 플라톤의 생애와 사상, 인간관과 교육관, 플라톤과 수저 논쟁 등을 조사함. 조사 과정에서 소인수 과정에서 배웠던 심리학 이론을 적용하는 것에 흥미를 느낌. 특히 사람에 대한 이해를 통해 사상의 배경 등을 깊이 생각하는 계기가 됨.
- '현대 사회와 맹자 사상 간의 부합성에 대한 개인적 평가 및 고찰'을 주제로 탐구 보고서를 작성함. 맹자 사상에 대한 개념 정리 후, 성선설과 현대 사회의 부합성 평가, 왕도정치 및 민본주의와 현대 사회의 부합성 평가 등을 조사하

〈탐구 보고서 예시〉

(생활과 윤리) 탐구 보고서	
학번	학년 반 번 이름 :
주제	
단원	
참고 자료	
내용	

1. 주제 선정 배경
   - 연구의 필요성
   - 수업 시간에 흥미를 느낀 단원으로 좀 더 깊이 있게 탐구
   - 가능한 희망 진로와 연계

2. 탐구 방법과 절차

3. 탐구를 위한 조사 내용
   - 용어 정리 등

4. 내용
   - 인터넷 내용을 옮기지 말고, 자신이 이해한 것을 요약할 것
   - 출처를 밝힐 것

5. 배우고 느낀 점
   - 보고서 작성 과정에서 새롭게 알게 된 사실
   - 탐구하면서 어려웠던 점, 즐거웠던 점
   - 나의 성장에 주게 될 의미와 변화
   - 진로 관련 교훈, 앞으로의 발전 계획 등

면서 전태일, 무상 급식, 범죄자 수 통계, 탄핵소추권 등을 사례로 제시하며 자신의 견해를 밝힘. 보고서의 내용과 형식이 매우 우수하고, 사회 현상을 보는 시각이 비판적이며 창의적임.

- 스포츠와 윤리를 주제로 탐구 보고서를 작성함. 스포츠 윤리의 특징, 동양사상을 통해 본 스포츠, 약물 복용에 대한 결과론과 의무론의 입장 차이 등을 조사하면서, 스포츠 윤리가 선수뿐만 아니라 보고 즐기는 사람에게도 적용된다는 것을 알게 됨.
- 애덤 스미스를 주제로 탐구 보고서를 작성함. 국부론의 시대적 배경, 보이지 않는 손, 중상주의와 중농주의, 애덤 스미스의 한계와 해결책을 조사함. 《애덤 스미스의 경제 노트》라는 책을 읽으면서 그가 살아온 배경과 그가 이러한 경제사상을 왜 주장하였는지 알 수 있었고, 그가 주장하였던 경제사상의 시대적 배경을 이해하게 됨. 이후 수업 시간에 자본주의 흐름에 높은 관심을 가짐.

5. 독서 보고서 쓰기

10여 년 전 인문계 반 고3 학생이 조정래의 《아리랑》을 읽는 것을 보고 놀란 적이 있다. 당시 필자도 그 소설을 읽고 있었다. 휴일을 포함하여 여가의 대부분을 《아리랑》만 읽었는데도 완독까지 한 달이 넘게 걸렸다. 앞에서 '학생이 진행하는 수업'을 했던 학생도 고등학교 3년 동안 도서관 봉사 활동을 하면서 52권의 독서 활동을 생활기록부에 남겼다. 2017학년도 수능 만점자인 울산 출신의 이영래 군도 고등학교 재학 기간 동안 《태백산맥》, 《아리랑》, 《한강》, 《토지》와 같은 대하소설을 비롯하여 150여 권의 책을 읽었다고 해서 화제가 되었다.

세 학생의 공통점은 이른바 우리나라 최고의 대학교에 입학했다는 점이다. 더 중요한 것은 공부를 위해 독서를 포기하지 않았다는 것이다. 오히려 독서는 그 자체로 이미 최고의 공부임을 입증했다. 이영래 군은 "확실히 독서를 많이 한 친구들이 수능 당일 점수가 높은 것 같습니다. 소설 속 인물들의 관계나 그들의 숨겨진 내면 정서를 파악하면서 유추 능력을 키우고, 비문학 책을 읽으면서 배경지식을 쌓으니 이해력이 빨라지고 속독이 가능해져 문제 푸는 데 도움이 됩니다"[2]라고 말했다. 또한 공부하다 지칠 때 대하소설을 읽으며 스트레스를 풀었고, 덕분에 이해력이 빨라지고 속독이 가능해져 오히려 공부하는 시간이 단축되었다고 했다. 경제학과라는 진로 결정 과정에서도 《시장은 정의로운가》와 같은 책의 영향이 컸다고 한다.

교과 수업 시간에 쉽게 하는 독서 토론으로 유명한 《꿈꾸는 국어 수업》의 저자 송승훈 선생님의 '네 시간 독서 토론 방법'을 소개한다. 필자도 송승훈 선생님의 연수를 직접 들은 후 교과 수업 시간에 할 수 있는 독서 활동 방법을 고민하게 되었다.

2. 〈행복교육도시 울산〉 3월호, 2017, p. 17

[표1] 네 시간 독서 토론 방법

활동	차시	하는 일	방식
준비	1	- 모둠 구성과 역할 나눔 - 책 선정과 함께 읽을 부분 정함	교사 진행
읽기	1	- 책에서 30~50쪽 정도 같은 부분 읽기	혼자
대화	1	- 마음에 드는 한 문장 소리 내 읽기 - 책과 관련된 세상 일, 또는 경험 말하기 - 궁금한 점 두 개의 답 찾기	모둠
발표	1	- 재미있게 3분 말하기	전체

송승훈 선생님은 네 시간 독서 토론을 위한 활동지를 통해 마음에 드는 한 문장과 이유, 관련된 세상 일(또는 경험), 궁금한 점 두 개, 대화 내용 등을 작성하게 하여 모든 학생이 수업에 동참하게 하고 있다.

교과 수업 시간에 책을 읽고 독서 보고서를 작성하게 한 후, 과정 중심 평가에 반영한 필자의 사례를 소개한다.

1. 도서관에 모든 학생들을 데리고 간다.(2차시)
2. '생활과 윤리' 교과와 관련한 책을 선택하게 한다. 가능한 자신의 흥미, 진로 등을 고려하게 한다. '생활과 윤리' 교과는 성과 사랑, 환경 윤리, 정보 윤리, 과학 윤리, 직업 윤리, 종교와 윤리, 의식주와 윤리, 정의, 인권 등 현대 생활에 필요한 대부분의 내용을 망라하고 있다.

〈독서 보고서 예시〉

(생활과 윤리) 독서 보고서	
학번	학년 반 번 이름 :
책명	저자 :
관련 단원과 이유	교과 관련 단원과 그 이유를 적게 함으로써 독서와 윤리 교과의 연계를 생각하게 한다.
책 선정 이유	자신의 흥미나 진로와 연계하여 적도록 지도한다.
질문 1	책을 읽으면서 질문을 만들게 하고, 그에 대한 자신의 생각을 간단히 적게 한다.
질문 2	
질문 3	
친구에게 책 소개하기	줄거리 요약, 교훈 등을 적게 한다.
배우고 느낀 점	교사는 이를 활용하여 과목 세부능력 및 특기 사항에 기재할 수 있다.

3. 도서관에서 책을 읽은 후 독서 보고서를 작성한다. 한 권을 전부 읽을 수도 있고, 필요한 장(章)만 읽어도 된다.
4. 교사는 과정 중심 평가에 반영한다. 독서 보고서 양식은 상단에 첨부한 자료를 참고한다.

독서는 학생의 흥미와 소양을 가장 잘 알 수 있는 활동이다. 입학사정관들은 생활기록부의 '독서 활동 상황'을 통해 학생들의 전공 적합성뿐만 아니라, 가치관과 인성을 파악할 수 있다. 또한 학생의 입장에서는 세상을 보는 힘을 키우게 되고 이는 진로에도 영향을 미친다. 빌 게이츠는 "하버드 대학교 졸업장보다 더 소중한 것은 독서하는 습관이다. 오늘의 나를 있게 한 것은 우리 마을 도서관이다"[3]라는 말을 통해 독서 습관의 중요성을 강조했다. 수업 시간에 책을 읽은 후 토론하거나 보고서를 쓰는 활동으로 독서를 수업에 끌어들이자.

6. 수업 활동 - 교내 활동 - 독서 활동 연계

학생부 종합 전형에서 좋은 평가를 받을 수 있는 것은 바로 진로와 관련한 활동의 자기주도성, 일관성, 지속성이다. 자기주도성이란 진로를 탐색하고, 결정하고, 노력하는 과정에서 학생 스스로의 의지와 선택이 중요함을 뜻한다. 일관성이란 생활기록부에 기재된 다양한 활동이 연계될 때 가장 효과적임을 의미한다. 자기소개서에는 네 개의 문항을 적는다. 1번은 학업 능력, 2번은 교내 활동, 3번은 인성, 4번은 지원 동기나 학업 계획, 독서 활동 등이다. 이 네 가지 활동이 하나의 목표를 향해 서로 연계될 때 효과가 커진

3. 《경북매일》, 2015년 4월 7일 재인용

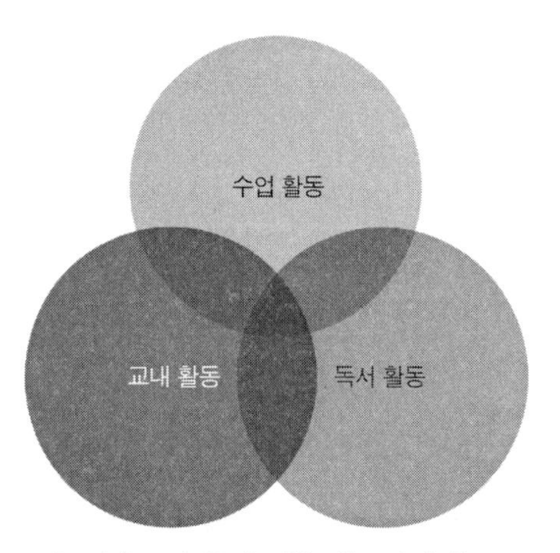

[그림1] 보다 큰 효과를 내는 연계 활동

다. 지속성은 일회성 활동이 아닌 꾸준한 활동임을 말한다.

이 모든 활동의 시작은 수업 시간일 때 가장 효과가 크다. 수업 시간에 배운 내용에 호기심이나 흥미를 가지고, 주제 발표나 보고서 쓰기 활동을 한다. 이 과정에서 깊이 있게 알기 위해 다양하게 독서하고, 관련 교내 대회 등에 참가하거나 자율 동아리 활동을 한다. 이렇게 수업이 교내 활동과 독서 활동으로 연계될 경우 자기주도성, 일관성, 지속성의 요건을 모두 충족시키면서 좋은 스토리텔링이 될 수 있다. '수업 활동-교내 활동-독서 활동'을 연계한 사례를 소개한다. 앞에서 '학생이 진행하는 수업'을 했던 학생이다.

[표2] 연계 사례의 예시

수업 활동	• 학생이 진행하는 수업을 진행 • 단원명 : 롤스의 정의론 • 자기소개서 2번에 적음
교내 활동	• 교내 인문 탐구 보고서 대회 참가 • 주제 : 롤스와 하이에크의 정책 비교 • 수상 기록 : 대회에서 최우수상을 수상함 • 자기소개서 2번에 적음
독서 활동	• 롤스의 정의론을 읽음 • 생활기록부 독서 활동에 기재함 • 서울대 자기소개서 4번에 적음

이 학생에 대한 교사의 과목 세부능력 및 특기 사항과 학생의 자기소개서 내용을 소개한다. 이 학생은 서울대 사회학과에 지원하여 합격했다. 면접을 볼 때에도 교수는 롤스의 정의론에 대해서 여러 번 질문했다고 한다.

■ **과목 세부능력 및 특기 사항 기재 사례**

'롤스의 정의론' 단원 수업을 직접 진행함. 지도안 작성, 학습 목표와 내용, 평가의 일관성에 대해 지도함. 검은 비닐봉지를 학생들에게 직접 씌우는 퍼포먼스로 절차적 정의를 위해 무지의 베일이 필요한 이유를 설명함. 이 부분은 교사가 다른 반 수업에도 활용하여 학생들의 이해도를 높임. 내용에 맞게 다양하게 질문하였고, 학생들은 한 명도 졸지 않고 수업에 참여함. 수업을 동영상으로 촬영한 후 이를 보면서 소통과 학생 참여 수업의 중요성을 깨달음. 롤스를 좀 더 깊이 이해하기 위해 탐구 보고서 대회에 '사회복지'를 주제로 참여함. 하이에크와 롤스의 비교, 공리주의와 롤스의 비교를 통해 다양한 분배 제도에 대한 비판적 사고를 함.

■ 자기소개서 2번

사회복지에 관해 '깊이 탐구'하고, 탐구 정신을 과학 기술로 '넓게 확장'시키며 문제해결력을 키웠습니다. 저는 국제적 차원의 빈곤 문제에 관한 책을 읽으면서, 사회 가치 분배 문제에 관해 관심을 가졌습니다. 마침 윤리 시간에 직접 수업을 진행할 기회가 생겨, 롤스의 분배 정의 단원을 주제로 선정했습니다. '무지의 베일'을 설명하기 위해 '검은 비닐봉지'를 활용했고, 롤스의 분배 방식을 반영한 복지 국가들의 위기를 역설하는 기사를 통해 여러 사상가의 분배 방식을 비교했습니다. 이처럼 직접 수업하기 위해 다양한 자료를 찾는 과정은 복지에 대한 저의 관심을 증대시켰습니다. 이후에는 롤스의 분배 정의를 주제로 하여 탐구 보고서 대회에 참가했고, 관련 도서를 정독했습니다. 이 주제에 관한 깊이 있는 탐구를 하면서 이상적인 사회복지 제도를 고민하였고, 그 실현을 이루는 데 기여하고 싶어졌습니다.

■ 자기소개서 4번

이 책은 윤리 수업 때 배운 롤스의 정의를 더 깊이 이해하고 싶어 읽었습니다. 롤스 정의의 원칙은 일종의 '입헌 민주주의' 체제에서 합의되며, '자유, 평등, 박애'의 이념을 반영한 것으로, 최종적으로 '질서 정연한 사회'를 목표로 합니다. 책을 통해 새롭게 알게 된 내용을 기존의 수업 시간에 학습한 내용과 하나씩 맞물려 이해하는 과정은 성취감을 느끼게 해주었습니다. 가령, 수업에서는 롤스가 재분배를 위한 과세를 인정한다고 배웠을 뿐 과세의 정당화를 위한 제한 요건과 이를 충족하지 못하는 과세에는 어떻게 반응해야 하는지는 배우지 못했습니다.

이 책을 통해서 롤스의 가치 분배 방식에 대한 심층적 이해가 가능했고, 이후에는 정의로운 사회를 위한 요건에 관해 깊이 있게 생각하게 되었습니다. 이를 통해 정의 사회를 위해 활발한 자선 문화가 필요하며, 개인의 이타심이 자선을 통해 표현됨으로써 사회 불만을 최소화시킬 수 있는 가치 재분배가 이루어질 수도 있다고 생각하였습니다.

7. 수업 - 평가 - 기록의 일체화 : 백워드 수업설계

과정 중심 평가의 확대는 수업의 변화를 요구한다. 기존의 결과 중심 평가는 수업 후 학생들이 얼마나 많은 지식을 습득했는가에 대한 평가이다. 하지만 과정 중심 평가는 학습 결과에 대한 평가가 아닌 학습을 위한 평가, 학습으로서의 평가이다. 따라서 평가가 수업의 일환으로 수업 과정 속에서 이루어진다. 또한 즉각적인 피드백을 통해 학생의 학습과 성장에 도움을 준다. 동시에 평가 결과는 교사의 수업 개선 자료로 활용된다.

이러한 과정 중심 평가는 수업의 설계에 있어서도 변화를 요구한다. 과거에는 교육 과정-수업-평가의 순으로 설계했다. 이는 가르치는 내용과 교수 방법을 중시하는 접근이다. 하지만 과정 중심 평가를 위해서는 백워드 수업설계가 필요하다. 교육 과정을 살핀 후 수업보다 평가를 먼저 설계하는 것이다. 바로 목표와 평가 중심으로 수업에 접근하는 것이다. 즉, 수업에서 달성해야 할 목표(성취 기준)가 무엇인가 알아본 후, 목표 달성을 위한 평가 방식을 먼저 고민하고, 이를 수업에 적용하는 것이다.

이는 학생 참여 수업설계를 용이하게 하며 아울러 지식에 대한 평가가 아닌 문제해결을 위한 평가를 가능하게 한다. 따라서 '교육 과정-수업-평가'의 일체화가 가능하다. 아울러 백워드 수업설계는 교육 과정의 재구성과 자연스럽게 연결된다.

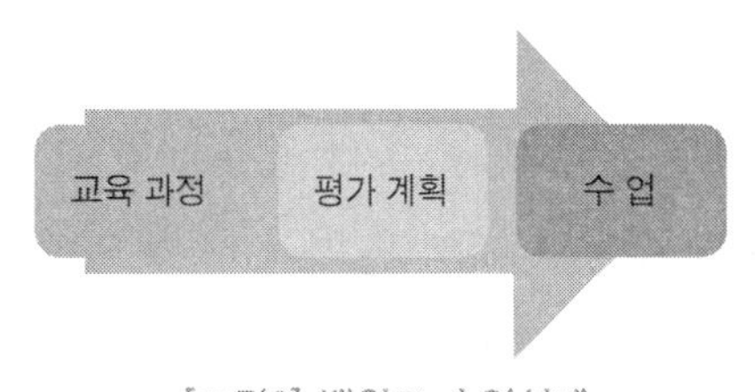

[그림2] 백워드 수업설계

백워드 수업설계로 과정 중심 평가와 수업을 연계한 후 이를 과목 세부능력 및 특기 사항에 반영하는 절차를 필자의 담당 과목인

‘생활과 윤리’를 사례로 제시하겠다.

• 1단계 : 성취 기준 분석

과정 중심 평가를 위한 첫 단계는 교육 과정에서 성취 기준을 분석하는 것이다.

[표3] 성취 기준 분석의 예시

교육 과정 내용	성취 기준
현대 사회에서 발생하는 윤리적 문제들을 해결하는 데에 다양한 윤리 이론이 도움된다는 사실을 이해하고, 윤리 이론들을 적용하여 윤리 문제들을 바람직하고 합리적으로 해결하고자 하는 태도를 가진다.	다양한 윤리 이론(의무론, 공리주의)의 강조점과 차이점, 구체적 사례에 적용하는 방법을 이해하고, 현대 사회에서 발생하는 윤리 문제들을 바람직하고 합리적으로 해결하고자 하는 태도를 지닐 수 있다.
죽음과 관련된 자살, 안락사, 뇌사 등의 문제를 생명 존중의 윤리적 관점에서 인식하고, 이에 대한 다양한 입장과 이와 관련된 사례 및 문제점을 조사·분석한다.	죽음과 관련된 다양한 입장과 이에 관련된 사례들에 대한 조사·분석을 통해 죽음의 윤리적 의미를 이해하고, 생명 존중의 윤리적 정신과 태도를 지닐 수 있다.

• 2단계 : 백워드 수업설계를 통한 평가 계획 수립

기본적인 평가 계획은 지필 평가 50퍼센트(중간고사 20퍼센트+기말고사 30퍼센트), 과정 중심 평가 50퍼센트(활동지 20퍼센트+논술 10퍼센트+독서 활동 10퍼센트+탐구 보고서 10퍼센트)이다. 생활과 윤리 과목 성취 기준은 대부분 현대 사회의 문제해결을 위한 바람직한 태도를 지니는 것을 목표로 한다. 이러한 태도 함양을 위해서는 지식 측정보다는 문제에 대한 사고와 해결이 중요하므로 과정 중심 평가의 비율을 50퍼센트로 하였다.

교육 과정을 분석한 결과 I 단원에 '윤리 문제에 대한 다양한 접근'으로 의무론적 접근과 공리주의적 접근이 나온다. 그리고 II 단원 '삶과 죽음의 윤리'에서 안락사의 윤리적 쟁점이 등장한다. 이를 통해서 '의무론과 공리주의 입장을 활용해서 적극적 안락사에 대한 자신의 견해를 논술하라'는 논제로 논술형 과정 중심 평가를 하기로 정했다.

• 3단계 : 수업설계와 교육 과정 재구성

논술형 과정 중심 평가 계획을 수립한 후 이를 위해 다음과 같은 6차시의 수업설계를 했다. 이해를 돕기 위해 3차시에 활용한 활동지(경북대 AAT 논술 문제와 영화 후기 적기)를 게재한다. 5차시 논술 평가 이후 6차시에는 수능 언어 영역 비문학에 나온 기출문제 중 칸트가 제시문으로 나온 문제를 풀게 하였다. 단순히 문제 풀이만 하는 것이 아니라 문단별로 키워드를 정한 후 요약하게 하였다. 이를 통해 윤리와 국어 수업이 융합되도록 하였다.

〈수업설계 예시〉

차시	내용	수업 내용(학생 활동)	평가
1	의무론	- 교재를 읽고 도덕법칙, 의무, 정언명령, 자연적 경향성을 키워드로 포함하는 요약문 작성하기 - 질문 만들기 하브루타	활동지
2	공리주의	- 교재를 읽고 행복, 결과, 양적 공리주의, 질적 공리주의를 키워드로 포함하는 요약문 작성하기 - 질문 만들기 하브루타	활동지
3	안락사 이해	- 안락사 관련 기출 논술 문제 풀이하기 : 경북대학교 2014 AAT 논술 - 영화 〈밀리언 달러 베이비〉를 보고 활동지 작성하기 : 영화는 17분으로 편집	활동지
4	근거 만들기	- 근거 만들기 하브루타 - 툴민의 토론 6단 논법 설명하기	활동지
5	논술 쓰기	- 툴민의 토론 6단 논법에 의거한 논술문 쓰기	원고지
6	언어 영역 기출 풀이	- 수능 기출문제 풀이(칸트 관련) - 제시문을 문단별로 요약하기	문제지 활동지

〈3차시에 활용한 활동지〉

3차시 : 논술과 영화로 배우는 윤리 - 안락사

학년 반 이름 :

1. 경북대 AAT 논술(2014 기출문제)

안락사는 좋음(good)과 죽임(death)이 결합된 용어로 '고통을 덜어주는 죽임'을 의미한다. 그래서 이것을 '자비로운 죽임'이라고 부르기도 한다. 오늘날 안락사는 치유 불가능한 질병으로 커

다란 육체적·정신적 고통을 겪는 사람들의 고통을 덜어주기 위해 그 사람을 죽이는 행위를 가리킨다.

안락사는 환자의 안락사 요구 여부에 따라 자발적 안락사, 비자발적 안락사, 반자발적 안락사로 구분할 수 있다. '자발적 안락사'는 환자의 자발적인 요구를 받아들여 환자를 죽이는 것이다. 불치병에 걸린 환자가 안락사를 분명하게 요구하면, 의사는 그 요구에 따라 환자의 치료를 중단하거나 독극물 등을 사용하여 환자가 죽음에 이르도록 하는 것이다. 네덜란드, 독일 등의 국가에서는 일정한 조건을 갖추면 자발적 안락사가 허용되기도 한다. '비자발적 안락사'는 환자가 의견을 표명할 능력을 상실한 상태에서 환자의 고통을 덜어주기 위해 안락사를 시키는 것이다. 예를 들면 심각한 육체적·정신적 장애로 인해 의사를 표명할 수 없는 환자, 질병이나 노쇠로 인해 상황을 인식할 수 있는 능력을 영원히 상실한 환자가 이런 안락사의 대상자가 된다. 이들은 사전에 안락사를 요청하거나 거부하지도 않은 사람들이다. '반자발적 안락사'는 환자가 의견을 표명할 능력이 있음에도 불구하고 환자에게 의견을 묻지 않고 죽이거나, 또는 계속 살기를 원하는 환자를 고통을 덜어준다는 명목으로 죽이는 것이다. 환자의 고통 경감이라는 동기를 갖고 있지만, 환자의 살고자 하는 소망을 무시하면서까지 안락사를 시키는 것은 정당화되기 힘들다.

안락사를 할 때 죽임의 수단이나 방법에 따라 소극적 안락사와 적극적 안락사를 구분할 수 있다. '소극적 안락사'는 치료 거부나 치료 중단을 통해 안락사를 시키는 경우이다. 여기서는 환자의 질병과 그에 따른 부수 현상들이 죽음의 원인이 된다. 이러한 소극적 안락사는 우리 사회에서도 가끔 볼 수 있다. 예를 들면 환자나 그 가족들의 요청으로 회복 불가능하다고 판단된 환자의 치료를 중단하고 퇴원시키는 경우이다. '적극적 안락사'는 약물이나 총기와 같은 적극적인 수단을 동원하여 안락사를 시키는 경우이다. 여기서는 환자의 질병이 아니라 환자의 생명을 끊기 위해 동원된 수단이 죽음의 원인이 된다.

이러한 여러 유형의 안락사를 조합하면 ① 자발적·소극적 안락사, ② 자발적·적극적 안락사, ③ 비자발적·소극적 안락사, ④ 비자발적·적극적 안락사, ⑤ 반자발적·소극적 안락사, ⑥ 반자발적·적극적 안락사로 구분할 수 있다.

(1) 다음 (가)와 (나) 각각은 어떤 안락사에 해당하는가? 제시문의 ①~⑥에서 가장 적절한 것을 하나씩 골라 번호를 쓰시오.

(가) 췌장암과 간암에 걸린 어떤 환자가 있었는데, 6개월간의 항암 치료에도 불구하고 온몸으로 암이 전이되어 고통이 더욱 심화되었다. 의사는 환자가 회복 불가능한 상태가 되었으며, 계속 항암 치료를 하더라도 3개월 이상 생존하기 어렵고, 만약 항암 치료를 중단하면 1개월을 넘기기 어렵다는 진단을 내렸다. 그 환자는 며칠 동안 고민하다가 더 이상 항암 치료를 받지 않겠다고 결정하여 항암 치료를 거부하였다. 그래서 의사는 항암 치료를 중단하고 단지 고통을 덜기 위한 진통제만을 투여하였으며, 그 환자는 결국 암으로 1개월 후에 사망하였다.

(나) 어떤 사람이 교통사고로 혼수상태에 빠져 급히 병원으로 옮겨졌다. 그 환자는 인공호흡 장치로 산소를 공급받으며 치료를 받았으나 의식을 회복하지 못하고 식물인간이 되었다. 6개월 동안 환자의 식물인간 상태가 지속되고 의사도 소생 불가능하다는 판단을 내리자, 그 환자의 부모는 자식의 고통을 덜어주기 위해 인공호흡 장치의 제거를 요청하였다. 담당 의사는 그 요청을 거절하였지만, 결국 법원의 판결에 따라 인공호흡 장치를 제거하였다. 그 환자는 인공호흡 장치의 도움 없이도 몇 년 동안 식물인간 상태로 생명을 유지하다가 감염 합병증으로 사망하였다.

(2) 아래 주장에 대한 비판으로 부적절한 것을 〈보기〉에서 두 가지 고르시오.

심한 고통을 겪고 있는 불치병 판정을 받은 환자가 여러 상황을 고려하여 치료 중단을 요구할 경우, 이를 허용하는 것은 정당하다.

〈 보기 〉

① 의사가 불치병이라고 잘못 진단한 경우도 있기 때문에 정당하지 않다.
② 환자가 가족들의 압력이나 어려운 경제적 형편 때문에 안락사를 요구할 수도 있기에 정당하지 않다.

③ 독극물 등을 사용한 안락사는 환자를 인위적으로 죽인다는 점에서 살인 행위에 해당되기 때문에 정당하지 않다.
④ 가족이나 의사가 환자를 대신하여 결정하는 것은 환자의 자율권을 침해하기 때문에 정당하지 않다.
⑤ 사회적 간섭을 통해 마약 복용을 막듯이, 환자의 자유로운 선택이라고 해도 이를 모두 허용해야 하는 것은 아니기 때문에 정당하지 않다.

2. 영화 〈밀리언 달러 베이비〉

(1) 매기가 원하는 안락사의 종류는 무엇인가를 쓰시오.

(2) 자신이 프랭키의 입장이라면 어떻게 행동할지를 쓰시오.

(3) 프랭키에 대한 조언을 통해 알 수 있는 신부의 입장을 쓰시오.

- 4단계 : 평가 계획 및 채점 기준 안내

학생들에게 평가 계획과 채점 기준을 안내한다. 윤리 과목에서 논술형 평가를 통해 입장 채택 과정에서 다양한 사상가의 주장을 어떻게 적용하여 윤리적 의사결정을 하는가를 확인할 수 있다. 또한 도덕적 사고 능력에 대한 평가, 다짐을 통한 도덕적 실천 의지 함양 등이 가능하다는 장점이 있다. 하지만 채점의 객관성과 신뢰성 확보에 대한 어려움이 있다. 따라서 채점 기준을 가능한 단순화하는 것이 효과적이다. 필자는 이러한 문제를 해결하기 위해 100점을 기준으로 영역별로 채점 기준에 미달 시 점수를 마이너스하는 방식으로 채점한다.

[표4] 필자의 채점 방식 예시

평가 영역	채점 기준	채점
논리성	툴민의 글쓰기 6단계를 모두 활용하여 표현했다.	0
	툴민의 글쓰기 6단계를 5개 활용하여 표현했다.	-1
	툴민의 글쓰기 6단계를 4개 활용하여 표현했다.	-2
	툴민의 글쓰기 6단계를 3개 활용하여 표현했다.	-3
	툴민의 글쓰기 6단계를 2개 활용하여 표현했다.	-4
	툴민의 글쓰기 6단계를 1개 활용하여 표현했다.	-5
분량	800자 이상 논술하였다.	0
	700~799자 논술하였다.	-1
	600~699자 논술하였다.	-2
	500~599자 논술하였다.	-3
	400~499자 논술하였다.	-4
타당도	의무론과 공리주의 입장과 근거가 일치한다.	0
	의무론과 공리주의 입장과 근거가 불일치한다.	-1

• 5단계 : 논술형 과정 중심 평가 실시

〈논제〉 의무론과 공리주의 입장을 활용해서 적극적 안락사에 대한 자신의 견해를 논술하라.

- 조건 1 : 반드시 칸트나 공리주의 입장에서 근거를 제시하시오.
- 조건 2 : 반드시 툴민의 글쓰기 6단계에 따라 논술하시오.
- 조건 3 : 800자 이상 논술하시오. 미만 시 감점함.

• 6단계 : 과목 세부능력 및 특기 사항 기재

교사는 활동지와 논술문, 수업 일기 등을 토대로 과목 세부능력 및 특기 사항을 기재한다. 아래에 사례를 소개한다.

■ 학생의 수업 일기

평소에 어렵다고 생각했던 철학이 생각보다 어렵지 않았다. 그리고 내가 당연하게 느끼고 생각하고 행동했던 것들을 다시 한 번 생각하게 만들었다. 혹시 나중에 안락사나 낙태와 같은 상황에 부딪힌다면 내가 이 수업에서 배웠던 것들을 잘 생각해 극복할 수 있을 것 같다.

나는 논술문 쓰기를 굉장히 싫어하고 어려워했다. 하지만 툴민의 글쓰기 단계에 따라 하나하나 쓰다 보니 생각보다 그리 어렵지 않았다. 칸트 기출문제 풀이 때는 문단별로 요약하고 정리하니 어렵지 않게 풀어졌다. 내가 생각하기에 이 수업은 성적이 아닌 한층 더 '현명해진 인간'으로 다가서기 위한 길인 것 같다.

내 꿈은 공부를 못해도 성실하고 인간성 좋은 사람이 되는 것이다. 나는 항상 성적보다 노력이라고, 성적보다 인간이라고, 성적보다 심성이라고 생각한다. 이 세 가지를 지키는 것은 매우 어렵지만 이 수업을 듣고 나서 그 첫 시작을 하게 된 것 같다.

■ 학생의 논술문

첫째, 생명 존중의 의무이다. 칸트는 우리가 그렇게 행위하는 것이 우리의 의무라는 사실을 인식하고 행위해야 한다고 주장했다. 우리는 생명을 소중히 해야 할 의무가 있다. 그것을 의무라고 인식하고 그것을 행해야 한다. 만약 생명을 소중히 해야 한다는 것을 의무임을 알고도 이를 무시한다면 그것은 도덕적 가치에 위배된다. 따라서 안락사는 도덕적 가치에 위배된다.

둘째, 동일성 논증 때문이다. 무죄한 성인을 살해하지 않고, 그가 계속 존재하도록 배려하는 것은 모든 사람의 의무이다. 이 의무는 어떤 한 개인 A가 인간으로서 자신과 동일하게 존재하는 기간동안 줄곧 유효하다.

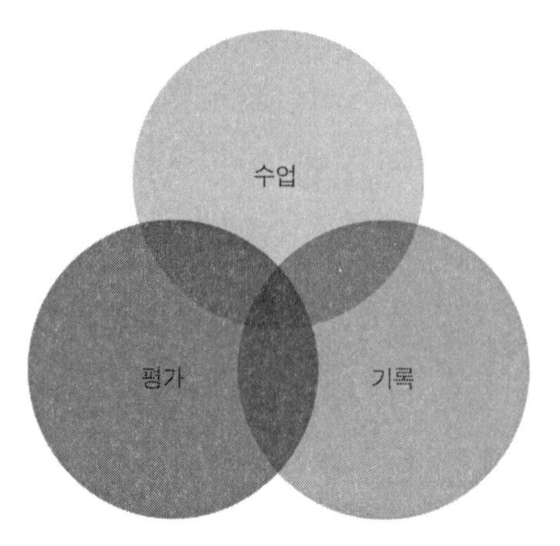

[그림3] 수업 - 평가 - 기록의 일체화

■ 교사의 과목 세부능력 및 특기 사항

칸트와 공리주의에 대한 하브루타 질문 만들기와 토론을 통해 평소에 당연하게 행동했던 일들에 대한 윤리적 의미를 생각함. 안락사에 대해 칸트에 입각하여 생명 존중의 의무와 동일성 논증을 근거로 논술문을 작성함. 안락사나 낙태와 같은 일들이 현실적 상황에 부딪힐 때 의사결정에서 이들 사상을 통해 극복을 할 수 있을 것 같다는 생각을 함. 윤리 수업을 통해 다양한 철학 사상들이 삶과 별개가 아님을 깨닫고 성적보다 성실과 인간성을 우선하는 사람이 되어야겠다는 다짐을 함.

8. 수업 일기

수업 일기는 수업 정리 단계에서 그날 배운 내용에 대해 학생들에게 간단히 일기를 쓰게 하는 것이다. 공책을 활용하거나 활동지에 쓰게 할 수 있다. 수업 시간이 5분가량 남았을 때 주로 다음과 같은 내용을 적게 한다.

- 수업을 통해 새로 알게 된 점
- 수업을 통해 배우고 느낀 점
- 수업 중 이해 가지 않은 점, 의문점
- 교사가 수업 내용에 맞게 적절한 과제 제시(예 : 벤담과 밀 중 누구를 지지하는가?)
- 오늘 배운 핵심 내용 요약하기
- 자신의 수업 태도 평가 등

학생은 수업 일기를 통해 그날 배운 내용을 정리하거나, 자신의 수업 태도를 반성할 수 있다. 이 과정에서 생각하기와 글쓰기가 이루어진다. 교사는 이 내용을 통해 학생 개개인의 관심이나 흥미 등을 파악할 수 있으며. 수업 일기 내용의 일부를 과목 세부능력 및 특기 사항에 반영할 수 있다. 다음은 윤리 수업 후 적은 수업 일기 내용이다.

- 안락사 수업을 통해 나의 진로를 생각할 수 있어서 좋았다. 장래 희망이 의사·간호사처럼 의료 분야에 종사하는 것인데도 불구하고 안락사를 깊이 고민해본 적이 없었기 때문이다. 특히 영화 〈밀리언 달러 베이비〉에서 주인공의 안락사 요구에 '나라면 어떻게 할까?'를 생각하고, 하브루타를 통해 친구들과 이야기하면서 다양한 입장을 접할 수 있었다. '내가 의사나 간호사라면 안락사에 대해 환자에게 말할 수 있을까? 그리고 직접 안락사를 실행할 수 있을까?'라는 심각한 고민을 해볼 수 있는 아주 유익한 시간이었다.
- 칸트의 의무론과 벤담의 공리주의를 배우면서 과연 무엇이 옳은 행동이며, 도덕적인 사람이 되려면 어떻게 행동해야 하는지 생각하게 되었다. 꿈이 교사인데, 교사는 분명히 도덕적인 사람이어야 한다. 그래서 내가 교사가 되었을 때 어떻게 행동할지 생각해보았다. 칸트의 의무론처럼 학생에 대한 감정이나 동정심보다는 무조건 돕고 배려하는, 나 자신을 도덕적으로 의무화해야겠다는 생각을 하였다.

다음은 수학 시간에 적은 학생의 수업 일기 사례이다.

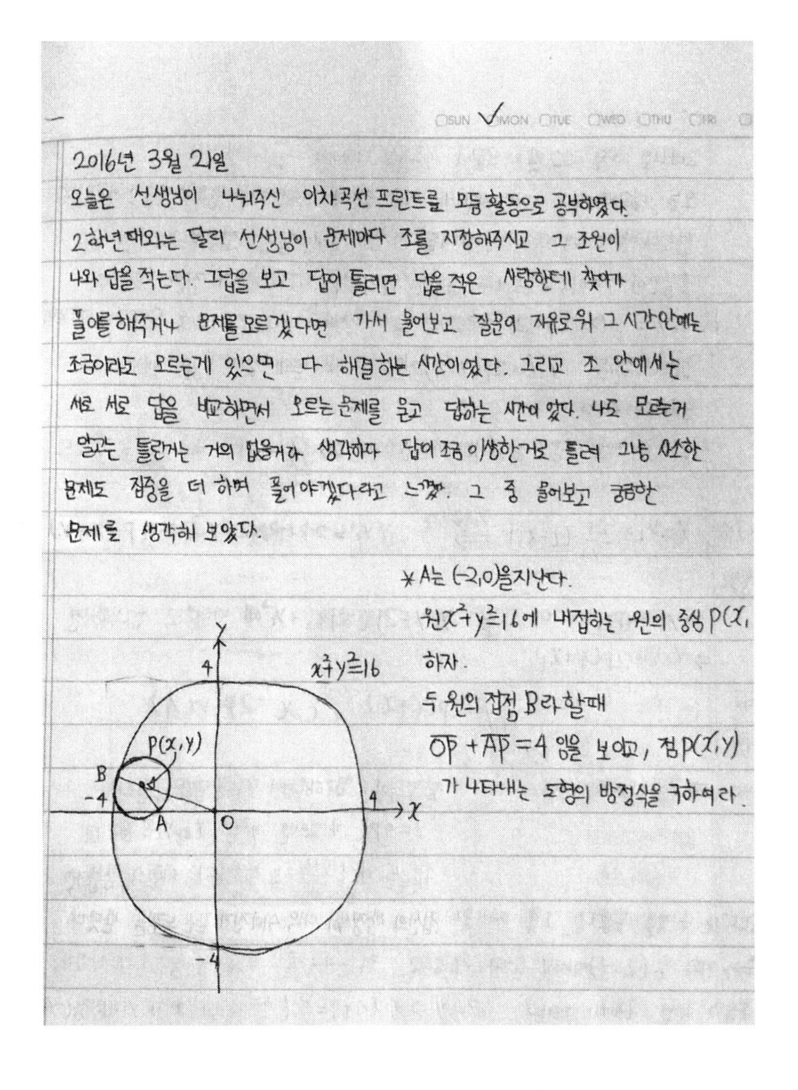

SUN ✓MON TUE WED THU FRI

2016년 3월 21일

오늘은 선생님이 나눠주신 이차곡선 프린트를 모둠 활동으로 공부하였다. 2학년 때와는 달리 선생님이 문제마다 조를 지정해주시고 그 조원이 나와 답을 적는다. 그답을 보고 답이 틀리면 답을 적은 사람한테 찾아가 풀이를 해주거나 문제를 모르겠다면 가서 물어보고 질문이 자유로워 그 시간안에는 조금이라도 모르는게 있으면 다 해결하는 시간이였다. 그리고 조 안에서는 서로 서로 답을 비교하면서 모르는 문제를 묻고 답하는 시간이 있다. 나도 모르는거 알고는 틀린거는 거의 없을거라 생각하다 답이 조금 이상한거로 틀려 그냥 사소한 문제도 집중을 더 하며 풀어야겠다라고 느꼈다. 그 중 물어보고 궁금한 문제를 생각해 보았다.

*A는 (−2, 0)을지난다.

원 $x^2+y^2=16$에 내접하는 원의 중심 P(x, 하자.

두 원의 접점 B라 할때

$\overline{OP}+\overline{AP}=4$ 임을 보이고, 점 P(x, y)

가 나타내는 도형의 방정식을 구하여라.

9. 학기 말 학생 평가

기말고사가 끝난 후 첫 수업에 할 수 있는 바람직한 활동이다. 학기 말 학생 평가는 교사의 수업을 평가하는 것이 아니라 학생 스스로 자신의 수업을 평가하고 반성하는 것이다. 학생은 한 학기 동안 스스로의 수업 태도를 돌아보는 시간이 될 수 있고, 교사는 그 내용을 바탕으로 학생의 관심 분야나 친구들의 평가 등을 통해 과목 세부능력 및 특기 사항에 활용할 수 있다. 실제 본교 교사 전체에게 학기 말 학생 평가에 대한 연수를 한 후 굉장히 높은 호응이 있었고, 많은 교사가 이를 시행하는 것을 보았다. 내용은 다음과 같으며 과목이나 수업에 맞게 적절하게 수정해서 활용할 수 있다.

1. 가장 관심 있는 주제와 이유를 적으시오.
2. 가장 유익했던 내용(활동)과 이유는?
3. 수업에서 선생님에게 칭찬을 들었던 사례는?
4. 수업에서 가장 칭찬하고 싶은 친구와 이유는?
5. 한 학기 동안 본인이 수업에서 가장 잘한 점은?
6. 한 학기 동안 본인이 수업에서 가장 아쉬운 점은?
7. '생활과 윤리' 수업을 통해 배우고 느낀 점을 쓰시오.
8. 2학기 수업에서의 다짐을 쓰시오.

이상에서 주제 발표, 탐구 보고서 쓰기 등 생활기록부에 도움을 주는 다양한 수업 사례를 살펴보았다. 필자는 매 활동을 마치면 학생들에게 배우고 느낀 점을 중심으로 소감문을 받는다. 가능한 자신의 흥미 분야나 진로와 연관하여 쓰게 한다.

필자는 생활기록부를 풍부하게 쓰기 위한 목적으로 수업 방법을 바꾸자는 것이 아니다. 수업을 바꾸면 학생의 활동이 늘어나고, 교사는 학생의 역량을 관찰할 수 있다. 이를 통해 자연스럽게 생활기록부에 기록할 내용이 많아진다. 아울러 학생의 입장에서는 자기소개서에 쓸 내용이 풍부해진다. 이러한 수업을 바탕으로 필자가 작성한 과목 세부능력 및 특기 사항을 소개한다.

- 수업 시간에 한 번도 졸지 않고 하브루타, 모둠 수업, 마인드맵 등 학생 활동 수업에 적극 참여함. 수업 시간마다 교사와 눈을 마주치며 호응하고, 적극적으로 발표함. 불교 사상 주제 발표 때 연기설을 설명하기 위해 〈스티브 잡스가 한국에 태어났다면〉 동영상을 통해 쉬운 예를 들어 설명하려고 노력했고, 학생들 앞에서 설명하는 것이 얼마나 어려운가를 깨달음. 탐구 보고서 쓰기 활동에서 교사라는 진로와 관련하여 학생들을 일정한 기준으로 나누는 것에 대해 생길 수 있는 윤리적 논쟁에 관심을 갖고 타일러의 모형을 중심으로 우리나라 교육의 문제점을 조사함. 이를 통해 경험 중심 교육 과정의 문제점을 알게 되었고, 교육 평가 등에 관심을 가지게 됨. 자신이 가진 생각을 정리해

서 남을 이해시키고 토론하는 하브루타 수업에 흥미를 가지고 적극 참여함. 하브루타 수업 시 예체능계인 짝에게 쉽게 설명하기 위해 노력하면서 자신이 몰랐던 부분을 깨닫게 됨. 교사가 꿈인 학생으로 다양한 수업 방법을 생각하는 계기가 됨. 마인드맵 활동을 통해 서양윤리를 경험주의와 이성주의로 분류하고, 다시 시대별로 구분하여 내용을 체계적으로 정리함으로써 자기주도적인 학습을 능률적으로 해냄.

- 성리학과 양명학에 대한 주제 발표를 함. PPT를 통해 성리학과 양명학의 특징과 차이점을 설명함. 준비하면서 교사에 대한 고마움을 갖게 되었고, 다른 사람 앞에서 발표할 때는 더 많은 준비가 필요함을 깨달음. 친구 가르치기를 통해 짝에게 설명하면서 수업 시간 내에 복습이 이루어짐을 깨닫고, 후배에게 공부법을 조언할 때나, 상담사가 되어 학업에 관한 조언할 때 하브루타를 적극 추천해야겠다고 생각함. 다양한 사상가를 접하면서 사람들의 생각에 따라 행동과 목표에 영향을 미친다는 것을 깨닫고, 상담사가 되었을 때 내담자가 긍정적인 생각을 갖도록 조언해주어야겠다고 생각함. 사이버 윤리를 주제로 교과 탐구활동 보고서를 작성함. 익명성, 사이버 모욕, 인터넷 중독, 보안 문제, 인터넷 성 윤리 등을 조사한 후 개인윤리와 사회윤리 방법으로 구분하여 해결 방법을 제시함. 이를 통해 상담사라는 자신의 진로와 연계하여 인터넷 문제로 인한 상담 시 자아 존중감을 형성하는 방향으로 상담

해야겠다고 생각하고, 자신감을 갖는 계기가 됨. 서양윤리 단원에서 마인드맵을 통해 자신이 기억하는 내용을 좀 더 체계적으로 정리함.

6장

습(習)하는 수업

공부는 학(學)과 습(習)으로 이루어진다. 공자도 《논어》 첫 문장에서 '학이시습지(學而時習之), 불역열호(不亦說乎)'라고 했다. '배우고 그것을 때때로 익히면 기쁘지 않겠는가?'라는 의미다. 즉, 공부의 즐거움은 배움과 익힘에 있다는 것이다. 학(學)은 강의를 통해 듣고 배우는 것이다. 습(習)은 읽고, 쓰고, 탐구하는 과정에서 스스로 익히는 것이다. 그런데 우리 교육의 문제점은 공부의 대부분이 강의를 듣는 것이라는 점이다.

[그림1] 공부는 학과 습의 결과다

OECD에서 고등학교 1학년생의 주당 공부 시간을 조사한 자료에 의하면 우리나라 학생들은 주당 평균 50시간을 공부한다. 평균에 비해 15시간이 많다. 정규 수업 시간만 30시간 정도로, 핀란드나 스웨덴 등 웬만한 나라 고등학생의 전체 공부 시간을 더한 것보다 길다. 고등학생 기준으로 하루에 수업만 6~7시간, 방과 후 수업 1~2시간, 인터넷 강의, 학원 강의 등 하루에 강의만 10시간 가량 듣는다.

〈EBS 교육대기획, 학교란 무엇인가?〉의 '사교육 분석 보고서'

편에서 서울대 학생과 일반 대학생들의 고교 시절 공부 시간을 비교하여 분석한 적이 있다. 이에 따르면 서울대 학생과 일반 대학생들의 총 공부 시간은 큰 차이가 없었다. 하지만 혼자 공부하는 시간을 비교해본 결과, 큰 차이가 났다. 서울대생들은 평소 때나 시험 기간이나 혼자 공부하는 시간이 많았다. 이에 반해 일반 대학생들은 시험 기간에만 혼자 공부하는 시간이 많았다. 이는 학원에서 강의를 듣는 시간까지 모두 공부 시간에 포함시켰기 때문이다. 이것은 우리나라 학생들이 하는 공부의 대부분이 학(學)이며, 습(習)하는 시간이 절대 부족하다는 걸 의미한다.

듣기만 하고 스스로 익히지 않으면 시간이 지나면서 잊게 된다. 〈EBS 다큐프라임, 공부의 왕도〉 1편 '인지의 세계는 냉엄하다'에서는 에빙하우스의 망각 곡선을 통해 효과적인 기억을 다루고 있다. 인간의 기억 능력을 과학적으로 연구한 에빙하우스는 기억과 망각에 대한 실험 연구를 통해 학습한 직후부터 망각이 진행되면서 20분이 지나면 58퍼센트만이 기억되고, 1시간이 지나면 44퍼센트, 하루가 지나면 33퍼센트밖에 기억하지 못한다고 밝혔다.

따라서 공부한 내용을 오래 기억하기 위해서는 복습이 중요하다고 강조한다. 특히 복습을 할 때는 효율적인 주기를 활용하면 훨씬 효과적이라고 주장한다. 10분 후에 복습하면 하루 동안 기억되고, 다시 하루 뒤에 복습하면 일주일 동안, 일주일 후 복습하면 한 달 동안, 한 달 후 복습하면 6개월 이상 장기적으로 기억된다는 것이다.

한국학습코칭센터에서 발간한《학습 능력 향상을 위한 공부 기술 완시스》와 〈EBS 다큐프라임, 공부의 왕도〉에 소개된 내용을 참고하여 효율적인 주기 활용 복습 방법을 소개한다.

- 1단계 쉬는 시간 복습 : 수업 후 3~5분 정도 복습한다. 수업 중 배웠던 중요한 부분들을 확인하고, 내용 전체를 훑어본다. 쉬는 시간을 활용하면 충분하다. 필기한 내용, 교과서에 밑줄 친 내용 등 가장 핵심이 되는 내용을 읽는 것만으로도 충분하다. 교과서의 그림이나 도표 등을 훑어보고 의미를 생각하는 것도 유용하다.
- 2단계 저녁 자율 학습 시간 복습 : 하루 동안 배운 내용을 전체 복습한다. 수업 내용 중 다섯 과목 정도만 선정해서 과목당 30분 정도 복습한다. 교과서를 다시 한 번 읽고, 필기 내용을 점검하고, 참고서 등을 통해 보충 학습을 한다. 사탐 과목이라면 요약 노트를 만들고, 수학은 같은 유형의 문제를 풀어본다. 영어는 모르는 단어를 정리하고, 해석을 해본다. 간단한 형성평가를 풀어보는 것도 유용하다.
- 3단계 주말 복습 : 한 주 동안 공부한 내용을 복습한다. 노트와 교과서를 다시 한 번 읽으면서 필요한 경우 보충을 한다. 문제 풀이를 통해 부족한 부분을 정리한다.
- 4단계 시험 기간 복습 : 3회 정도의 반복 학습을 한다. 기출문제를 통해 시험에 대비한다.

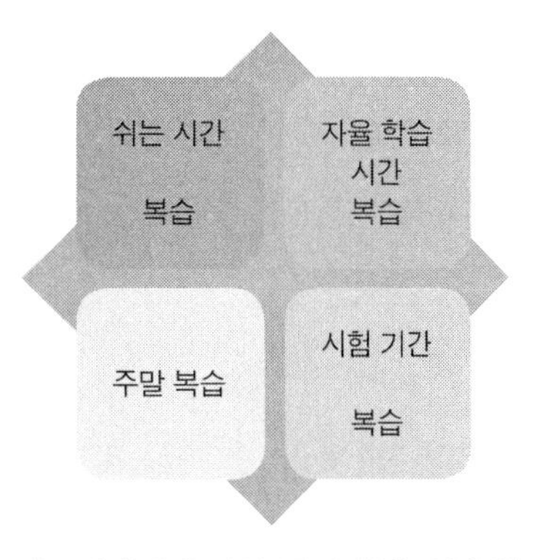

[그림2] 효율적인 주기 활용 복습법

바실리스크 도마뱀이 있다. 이 도마뱀은 물 위를 걷는다. 이 도마뱀이 물에서 빠지지 않는 방법은 무엇일까? 바로 한 발이 빠지기 전에 다른 발을 내딛는 것이다. 공부도 마찬가지이다. 대부분의 정보는 처음에는 단기기억에 머문다. 하지만 잊기 전에 반복을 계속하면 뇌가 장기기억으로 보낸다. 지금부터 복습이 있는 수업 사례를 제시한다.

1. 문제 만들기

문제 만들기는 중단원을 마친 후나 시험을 치기 전에 효과적인 복습 방법이다. 배운 단원에서 학생들이 직접 문제를 만들고, 서로 풀이하는 과정에서 복습이 이루어진다. 실제 문제를 만들기 위해서는 교과서를 반복해서 읽고, 깊이 있는 사고를 해야 한다. 문제 만들기는 모둠 활동으로 이루어지며, 교사는 칠판에 다음과 같은 네 개의 문제 유형을 적는다.

- A형 : ○, × 진위형 단답식 5문제
- B형 : 단답형, 괄호형 5문제
- C형 : 제시문에 하나의 내용이 있는 선택형 2문제(제시문을 통해 정답을 찾는 문제)
- D형 : 제시문에 두 개 이상의 내용이 있는 선택형 1문제(사상가를 비교하는 문제)

C형과 D형의 문제는 수능형이다. 절차는 다음과 같다.

1. 문제 유형 선택하기 : 모둠에서 개인별로 문제 유형을 선택하게 한다. 대부분 모둠에서 학업 능력이 가장 부족한 학생이 A형을 선택하고, 우수한 학생이 C형이나 D형을 선택한다. 어쨌든 모둠에서 자유롭게 문제 유형을 선택하게 하는 것이 효과적이다.
2. 개인별 문제 만들기 : 문제를 만드는 과정에서 학생들은 교과서나 참고서를 활용할 수 있다. 단, 기존의 문제집 내용을 그대로 베껴서는 안 된다. 모둠 내에서 친구들에게 도움을 주거나 받을 수 있다.

3. 모둠별 문제 풀이 : 모둠 내에서 개인별로 문제가 완성되면 서로 돌아가면서 풀이를 한다. 다른 모둠원이 출제한 문제를 풀이하고 정답을 이야기한다. 이 과정에서 문제에 오류가 있으면 모둠 내에서 수정한다.
4. 모둠별 우수 문제 선정하기 : 모든 모둠이 풀이를 마쳤으면 모둠별로 우수 문제를 선택해서 전체 학생들을 대상으로 발표한다. 모둠별로 문제를 바꿔서 풀이할 수도 있다.
5. 문제 제출하기 : 마지막으로, 모둠별로 만든 문제를 교사에게 제출한다. 교사는 이를 정리하여 다음 수업 시간에 복습자료로 활용할 수도 있다. 또한 우수 문제를 응용하여 시험에 출제한다고 밝혀 학생들의 참여 의지를 자극할 수도 있다. 필자는 문제를 과정 중심 평가에 반영한다.

2. 마인드맵 빈칸 채우기

마인드맵은 학습 내용을 단계별로 그림이나 도형을 활용하여 정리하는 방법이다. 이는 글자보다 이미지와 색깔을 이용하여 정리하면 오랜 기간 정확히 기억한다는 토니 부잔(Tony Buzan)의 연구 결과에 기초하여 개발되었다. 핵심어와 핵심어를 이미지를 통해 연결함으로써 학습한 내용을 체계적으로 정리할 수 있고, 장기 기억하게 할 수 있다.

마인드맵은 기본적으로 핵심어, 이미지, 색깔로 구성된다. 핵심어를 정확히 이해하고 연결하는 과정에서 이해력과 기억력이 향상될 수 있다. 이미지는 핵심어의 특징이 잘 드러나도록 간단하게 표현한다. 색깔은 주 가지별로 구분하여 내용과 연상되게 선택하는 것이 효과적이다.

인간의 두뇌는 두 부분으로 나뉘어져 있으며, 각각 다른 역할을 담당한다. 좌뇌는 단어, 숫자, 논리, 분석, 목록 등과 관련되며, 우뇌는 상상, 색깔, 리듬, 공간 지각 등과 관련된다.[1] 대부분의 학습에서는 좌뇌를 사용한다. 하지만 마인드맵은 색깔과 그림을 사용하여 우뇌를 통해 정보를 표현한다. 마인드맵은 좌뇌와 우뇌를 조화롭게 사용하여 생각하고, 기억하고, 정보를 정리하는 일을 도움으로써 복습에 큰 도움이 된다.

국어 시간에는 소설을 읽고 인물 중심으로, 한국사 시간에는 시대 흐름과 사건 중심으로 마인드맵을 만들면서 배운 내용을 구조화하는 과정에서 복습이 이루어진다. 마인드맵을 통해 부분과 전체의 연결 구조를 알게 되고 체계적인 학습이 가능하다. 또한 주어진 정보를 단순하게 나열하는 것이 아니라 정보들 간의 연관 관계를 표현하게 되므로 통찰적 학습이 가능하다.

필자의 경우 마인드맵 수업은 중단원이나 대단원이 끝난 후에 실시한다. 학생들은 마인드맵을 만드는 과정에서 시대별, 사상가별로 분류하면서 보다 큰 흐름으로 교과 내용을 이해하게 된다.

1. 토니 부잔·배리 부잔, 《마인드맵 북》, 비즈니스맵, 2010

단지 마인드맵을 만드는 데 그치지 않고 우수 작품을 골라 모둠별 게임 식으로 수업한다. 마인드맵을 게임 식으로 수업에 적용한 절차는 다음과 같다.

1. 대단원이나 중단원이 끝난 후 배운 내용을 마인드맵으로 그리게 한다. 과목에 따라 인물, 사건, 시대 흐름, 개념 등을 기준으로 분류할 수 있다.
2. 가장 잘된 마인드맵을 선택해서 화이트로 개념을 지워 빈칸을 만든다. 이때 실마리를 줄 수 있는 개념은 남겨둔다.
3. 모둠별 빈칸 채우기 게임을 한다. 마인드맵을 모둠별로 한 장씩 나눠주고 가장 빨리 빈칸을 채운 모둠이 우승이다. 칸 채우기는 개별 활동으로 할 수도 있다.

다음 [그림3]은 생활과 윤리 교과의 '환경과 윤리' 단원을 마인드맵으로 그린 것이다. 미술을 전공하는 학생이 만든 것으로 칸트, 슈바이처 등의 사상가를 실제 인물과 비슷한 형태로 그린 것이 흥미롭다.

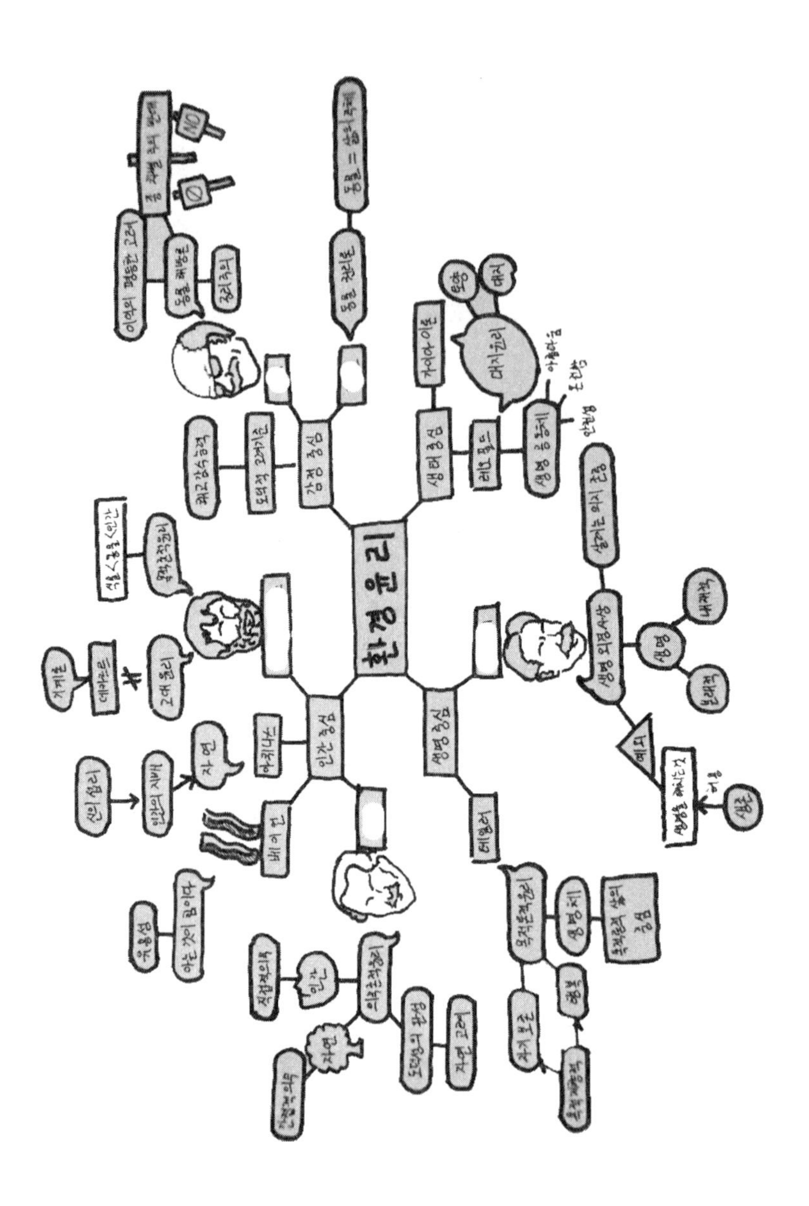

[그림3] 마인드맵의 예시

3. 기억 꺼내기

공부한 내용을 장기기억화하기 위해서는 단순한 반복 학습보다는 기억 꺼내기 활동을 하는 것이 효과적이다. 《어떻게 공부할 것인가》는 인지 심리학을 바탕으로 지식을 더 잘 익히고 오래 기억하려면 어떻게 해야 하는가를 연구한 책이다. 이 책에 따르면 필기나 밑줄 긋기 등 단순한 반복 학습보다 학습한 내용을 기억에서 인출하는 연습이 효과적이라고 한다. 공동 저자인 헨리 뢰디거 워싱턴 대학교 교수는 배운 걸 기억에서 꺼내는 노력을 많이 할수록 장기기억으로 더 잘 보낸다고 주장한다. 실제로 KBS의 〈시사 기획 창〉 '전교 1등은 알고 있는 공부에 대한 공부' 편에서 이를 입증하는 실험을 한 적이 있다. 실험 내용은 다음과 같다.

> 참가자들에게 한 장짜리 과학 지문을 나눠준 후 7분 동안 외우도록 했다. 북태평양에 사는 해달이라는 동물에 대한 내용이다. 두 그룹에 똑같은 지문을 나눠준 후 A그룹은 '7분간 외우기-5분 휴식-다시 외우기'를 했다. 단순 반복 학습이다. B그룹은 '7분간 외우기-5분 휴식-떠올려 쓰기'를 했다. 이는 기억 꺼내기 활동이다. 그리고 5분 뒤 시험을 쳤다. A그룹은 평균 61점, B그룹은 55점이 나왔다. 일주일 뒤, 예고하지 않고 다시 시험을 쳤다. 그 결과는 매우 흥미로웠다. A그룹은 45점, B그룹은 53점이 나왔다. 단순히 반복 학습을 한 A그룹은 점수가 크게 하락했지만, 기억 꺼내기 활동을 한

B그룹은 점수 변화가 거의 없었다. 이는 기억 꺼내기 활동이 배운 내용을 훨씬 오래 기억하게 한다는 것을 입증한다. 즉, 단순한 반복 학습보다 말하기나 쓰기 등의 표현을 통한 기억 꺼내기 활동이 훨씬 효과적인 공부라는 점이다.

[표1] 확연한 두 그룹의 차이

구 분	A그룹	B그룹
5분 후 시험	61점	55점
일주일 후 시험	45점	53점

수업 시간에 치르는 간단한 쪽지 시험, 형성평가 등도 일종의 기억 꺼내기 활동이다. 플래시카드 퀴즈 게임, 칠판 채우기, 기억해서 쓰기, 빙고 게임 등 학생이 참여하는 '기억 꺼내기' 활동 사례는 다음과 같다.

4. 플래시카드 퀴즈 게임

플래시카드 퀴즈 게임은 두 사람이 짝이 되어 카드의 질문을 묻고 답하는 게임이다. 플래시카드를 통해 묻고 답하는 과정에서 수업에서 배운 핵심 개념을 명확히 알 수 있다.

플래시카드를 만들어 한 면에는 개념, 한 면에는 설명을 적는다. 카드를 이용하여 한 명은 질문하고, 한 명은 대답한다. 이때 질문자는 설명을 읽고, 반대편에서는 개념을 대답한다. 거꾸로 질문자가 개념을 읽고 반대편이 설명하게 할 수도 있다.

이러한 플래시카드 퀴즈 게임은 학습 내용을 인출하고 설명하는 과정을 통해 기본 개념을 명확하게 이해하고, 오래 기억하게 해준다. 모둠별로 학생들이 직접 플래시카드를 만들어 모둠 내에서 게임하거나, 모둠을 이동하여 게임할 수도 있다.

다음은 사회 교과의 수업 사례이다. 플래시카드의 한 면에는 인간의 존엄성, 기본권, 사회계약설, 죄형법정주의, 형벌불소급의 원칙, 일사부재리의 원칙 등 기본 개념을 적고, 반대 면에는 구체적 설명을 적는다. 20개 정도의 카드가 적당하며, 진행 절차는 다음과 같다.

- 1단계 모둠 구성 : 네 명을 한 모둠으로 구성한다. 이때 1, 2번 학생을 성적이 우수한 학생으로 3, 4번 학생을 학습이 필요한 학생으로 배치한다.
- 2단계 카드 배부 : 모둠별로 플래시카드가 담겨 있는 A봉투와 B봉투를 배부한다. A봉투와 B봉투에는 다른 플래시카드가 들어 있다. A봉투는 모둠의 1, 4번 학생이, B봉투는 2, 3번 학생이 가진다. 즉, 모둠 안에서 1, 4번과 2, 3번이 서로 짝을 이루어 협력하게 한다.
- 3단계 카드 내용 공부하기 : 3, 4번 학생이 제한된 시간(1분 30초) 동안 플래시카드에 적힌 개념과 반대편 설명을 공부한

다. 공부가 끝난 카드는 3번은 2번에게, 4번은 1번에게 전달한다. 학습이 부족한 카드는 카드의 맨 뒤쪽으로 넘겨서 반복 학습한다. 결과적으로는 학습이 끝난 카드는 1, 2번 학생이 들고 있게 된다.

- 4단계 퀴즈 게임 : 1번 학생이 들고 있는 카드로 4번 학생에게 퀴즈를 낸다. 1번 학생이 설명을 읽어주면, 4번 학생이 개념을 대답한다. 이때 정답을 맞힌 카드는 바닥에 내려놓도록 하고, 틀린 카드는 맨 뒤로 넘겨서 반복 학습한다. 2, 3번 학생도 같은 방법으로 활동한다.

[표2] 카드 게임 진행 방식

구분	질문	대답
A 봉투	1번 학생	4번 학생
B 봉투	2번 학생	3번 학생

- 5단계 역할 바꾸어 공부하기 : 이번에는 1, 2번 학생이 플래시카드의 내용을 학습한다. 2단계와 같은 방법으로 한다.
- 6단계 퀴즈 게임 : 3, 4번 학생이 퀴즈를 내고 1, 2번 학생이 대답한다. 3단계와 같은 방법으로 한다.

[표3] 역할 바꾸어 진행하기

구분	질문	대답
A 봉투	4번 학생	1번 학생
B 봉투	3번 학생	2번 학생

- 7단계 카드 바꾸어 게임하기 : A봉투와 B봉투를 교환하여 새로운 카드로 2~6단계를 다시 한 번 반복한다.

기본 개념 학습이 끝나면 서바이벌 퀴즈를 통해 게임 형식으로 진행할 수도 있다. 절차는 다음과 같다.

1. 각 모둠의 가장 높은 번호(4번)부터 앞으로 나온다. 8모둠일 경우 각 모둠의 4번 학생 8명이 앞으로 나온다. 성적이 우수한 1번 학생이 나올 경우 그 학생이 거의 문제를 맞히기 때문에 각 모둠에서 학습이 가장 필요한 학생이 먼저 나와야 한다.
2. 교사는 플래시카드에서 암기한 내용을 가지고 퀴즈를 낸다.
3. 서바이벌 형식으로 퀴즈에 틀리면 다음 순번(3번) 사람이 나와서 문제를 맞힌다.
4. 마지막에 가장 높은 번호가 살아남는 모둠이 우승이다.

5. 칠판 채우기

칠판 채우기는 수업 시간에 배운 내용을 떠올려서 칠판에 적게 하는 것이다. 이는 수업 마무리 단계에서의 정리용이나, 수업을 시작할 때 전시 학습으로 적합한 방법이다. 이때 핵심 개념뿐만 아니라 등장인물, 사건, 심지어 교사의 농담까지도 허용한다. 이

칠판 채우기를 하는 아이들의 모습

런 과정에서 자연스럽게 그날 배운 내용을 떠올리며 복습하게 된다. 다음과 같은 방법으로 진행한다.

- 1단계 칠판 나누기 : 수업 내용 중 가장 중요한 핵심 개념의 수만큼 칠판을 나눈다. 예를 들어 불교사상의 흐름에 대한 수업이었다면 원효, 의천, 지눌로 세 등분하여 칠판을 나눈다. 그리고 해당 사상가 이름을 칠판 윗부분에 판서한다. 3~5가지로 나누는 것이 효과적이다.
- 2단계 전체 학생 복습하기 : 학생들에게 오늘 배운 내용을 복습하게 한다. 누가 칠판을 채워야 할지는 미리 공개하지 않는다. 이때 누가 나와서 칠판을 채울지 모르기 때문에 학생들은 배운 내용을 집중력 있게 복습하게 된다.

- 3단계 학생 지명하기 : 칠판을 채울 학생을 지명한다. 가능한 교사가 직접 지명하기보다는 모둠에서 세 번째 학생 등으로 하는 것이 바람직하다.
- 4단계 지명된 학생이 칠판에 적기 : 지명된 학생은 자신의 칸에 가서 배운 내용을 쓴다. 물론 교재나 공책을 들고 나가서는 안 된다. 이때 쓰는 학생은 기억을 떠올리게 된다. 또한 앉아 있는 학생들은 칠판을 보면서 자연스럽게 복습이 이루어진다. 칠판에 다 쓴 학생은 제자리로 들어간다.
- 5단계 빠진 내용 보충하기 : 교사는 칠판에 적힌 내용을 읽어주면서 학생들에게 빠진 내용이 있는가를 질문한다. 앉아 있던 학생들이 자연스럽게 보충해야 할 내용을 발표하면 교사가 칠판에 적는다. 이를 통해 그날 수업 내용을 모두 복습하게 된다.

6. 기억해서 쓰기

칠판 채우기와 마찬가지로 수업 마무리 단계에서, 혹은 전시 학습을 복습하는 수업 시작 단계에서 유용한 방법이다. 수업 시간에 배운 내용을 모두 기억해서 쓰게 하는 것이다. 칠판 채우기가 몇 명의 학생이 나와서 칠판에 적는 것이라면, '기억해서 쓰기'는 모든 학생이 공책이나 활동지에 그날 배운 내용을 적는 것이다.

절차는 다음과 같다.

- 1단계 수업 내용 복습하기 : 수업 후 '기억해서 쓰기'를 할 것이라고 예고하고, 2~3분 정도 복습할 시간을 준다. 이를 통해 학생들은 짧은 시간에 집중력 있게 복습을 하게 된다. 이는 시간 여유에 따라 생략할 수도 있다.
- 2단계 기억해서 쓰기 : 모든 학생이 공책이나 활동지에 배운 내용을 기억해서 쓴다. 단어나 개념 중심으로 써도 좋고, 사건, 인물 등을 적어도 좋다. 교과서의 그림이나 도표, 교사의 예화 등도 가능하다. 2~3분 정도면 적당하다.
- 3단계 가장 많이 쓴 학생 발표하기 : 교사는 가장 많이 쓴 학생을 지명해서 쓴 내용을 읽게 한다. 교사는 이 내용을 칠판에 적을 수도 있다.
- 4단계 빠진 내용 보충하기 : 발표가 끝나면 나머지 학생들에게 빠진 내용을 말하라고 한다. 그러면 학생들은 빠진 내용을 말한다. 이러한 과정에서 한 시간 동안 배운 내용이 파노라마처럼 짧은 시간에 반복되어, 복습 효과를 기대할 수 있다.

7. 빙고 게임

'칠판 채우기'와 '기억해서 쓰기'를 빙고 게임 형식으로 한 것이다. 활동지에 빙고판을 만들어 나누어준 후, 수업 시간에 배운 내용을 단어 중심으로 적게 한다. 이 과정에서 흥미 있는 복습이 이루어진다. 단계는 다음과 같다.

- 1단계 복습하기 : 수업 내용을 2~3분 동안 개인별로 복습한다.
- 2단계 빙고판 배부 : 빙고판은 가로, 세로 각각 4~5칸, 총 16개나 25개의 빈칸이 적당하다.
- 3단계 빙고 칸 채우기 : 학생들은 수업 시간에 배운 단어를 빙고판에 채워나간다.
- 4단계 돌아가며 단어 말하기 : 적당한 시간이 흐른 후에 교사는 학생들이 돌아가면서 한 명씩 단어를 말하게 한다. 나머지 학생들은 그 단어가 자신의 빙고판에 있을 경우 그 칸에 동그라미를 한다.
- 5단계 우승자 뽑기 : 세로 혹은 가로 두 줄을 가장 빨리 채운 학생이 우승자가 된다.

8. 재미있는 학생 지명 방법

필자의 학생 시절 선생님들이 가장 즐겨 쓰던 지명 방법은 날짜로 번호 부르기였다. 예를 들어 12일이면 12번, 22번, 32번 학생을 지명하는 것이다. 하지만 학생 지명은 가능한 학생들이 예측하기 어려워야 긴장감과 동시에 흥미를 북돋울 수 있다. 또한 먼저 전체 학생에게 질문한 후 대답을 할 학생을 지명해야 한다. 그래야 모든 학생에게 생각할 기회가 주어지기 때문이다. 이는 전체 학생을 집중시키는 데에도 효과적이다. 학생들을 집중시키고 흥미를 유발하는 몇 가지 지명 방법을 소개한다.

- 선생님을 이겨라, 가위 바위 보 : 전체 학생 중 한 명을 뽑을 때 쓰는 방법이다. 교사가 학생 전체를 대상으로 가위 바위 보를 한다. 교사가 "선생님을 이겨라, 가위 바위 보!"라고 외쳐서 교사를 이긴 학생만 남기고, 지거나 비긴 학생은 손을 내리게 한다. 3~5회 정도 반복하면 한 학생만 남는다.
- 공 던지기 게임 : 작은 고무공을 던져서 받는 학생이 발표하는 것이다. 처음에는 교사가 던지고 그다음부터는 지명받은 학생이 다른 학생에게 던진다. 몇 명의 발표자가 필요할 때, 또는 문제 풀이 수업에서 사용하는 방법이다. 고무공 대신 휴지를 둥글게 말아서 던져도 된다.
- 발표 플래시 사용하기 : 인터넷을 검색하면 다양한 플래시가 있

학생 지명에 활용할 수 있는 로또 게임기

다. 발표 플래시를 이용하면 발표자를 훨씬 재미있게 뽑아 수업 분위기를 활발하게 한다. '발표자 뽑기'라는 플래시는 팡파르와 함께 발표할 학생의 사진이 나타난다. 물론 미리 학생들의 증명 사진을 photo 폴더에 넣어야 하지만 시간이 많이 걸리지 않는다. '아이스크림 발표 도우미' 플래시는 1~6명까지 한꺼번에 발표자를 지정할 수 있다.

- 로또 게임기 사용하기 : 로또 게임기를 구입해서 학급의 학생 수만큼 번호를 남긴다. 버튼을 누르면 번호가 적힌 작은 공이 튀며 선택된 공이 자동으로 유리관 부분으로 모인다. 선택된 공에 적힌 번호에 해당하는 학생이 발표한다.

7장

융합 수업

융합에 대한 이야기를 할 때 등장하는 단어가 메디치 효과이다. 서로 다른 분야의 지식과 재능이 결합하여 기존보다 훨씬 더 큰 시너지 효과를 내는 것을 말한다.[1] 이는 예술가, 철학가, 과학자 등 다양한 분야의 전문가들이 서로 소통하도록 지원하여 문예부흥을 일구었던 메디치 가문에서 유래된 용어이다. 이를 통해 이탈리아는 르네상스 시대를 열고 레오나르도 다빈치, 미켈란젤로, 단테와 같은 세계적인 예술가들을 배출할 수 있었다.

2015 개정 교육 과정에서 가장 큰 특징 중의 하나가 융합이다. 새로운 교육 과정은 인문·사회·과학 기술에 대한 기초 소양 함양을 통해 창의적 인재를 양성하는 것을 목적으로 한다. 창의적 인재란 인문학적 상상력, 과학 기술 창조력을 갖추고 바른 인성을 겸비하여 새로운 지식을 창조하고 다양한 지식을 융합하여 새로운 가치를 창출할 수 있는 사람을 말한다.[2]

우리나라에서 융합 인재 교육은 STEAM이라는 이름으로 2011년부터 시작되었다. 과학(Science), 기술(Technology), 공학(Engineering), 예술(Arts), 그리고 수학(Mathematics)의 첫 글자를 따와서 만든 것으로 미국에서 시작된 STEM 교육에 Art를 추가한 것이다.

기존의 STEAM 교육은 기본적으로 과학 기술을 기반으로 다른 분야를 접목하는 이공계 학문에 바탕을 둔다. 또한 영재 교육 등의 형태로 일부 학생을 대상으로 실시되었다. 하지만 새로운 교

1. 네이버 지식백과

2. 교육부 보도자료, 2014년 9월 24일

육 과정에서는 인문·사회·과학 기술에 관한 기초 소양을 통한 융합을 추구한다. 이를 위해서 고등학교의 경우 모든 학생이 배우는 공통 과목을 도입하고, 통합적 사고력을 키우는 통합사회 및 통합과학을 신설한다.

국어사전에서 '융합'이란 '둘 이상의 사물을 서로 섞거나 조화시켜 하나로 합하는 것'이라고 정의한다. 지식의 융합은 다른 두 분야의 지식, 통찰, 경험, 방법 등의 요소들을 결합해서, 자신이 해결하려는 문제의 실마리를 잡아서 이것을 풀어내는 과정에서 이루어진다.[3] 이질적인 요소들을 자신이 해결하려는 문제 속에서 하나로 융합하는 능력과 태도가 융합 교육에서 키워질 수 있다.

융합 교육을 위해서는 한 분야의 지식뿐만 아니라 다양한 영역과 결합하여 새로운 지식을 창출하고, 문제를 해결할 수 있는 사고의 유연성과 창의성이 필요하다. 무엇보다 창의적 인재를 양성하는 데 가장 중요한 요소 중 하나는 실패 경험과 이에 대한 용인이다. 학생들에게 완성된 것만을 보여주면 흥미가 저하되지만, 미완성의 것, 실패한 것을 보여주면 자신의 의견을 추가하고 싶어 한다는 것이다. 따라서 학생들이 직접 할 수 있는 기회와, 얼마나 자신의 논리로 엮어보기 위해 노력했는지, 실패를 어떻게 경험하고 그 안에서 무엇을 얻었는가를 생각할 수 있는 기회를 주어야 한다. 실패의 경험이 즐겁고 당당할 수 있어야 하는 것이다.[4] 이

3. 홍성욱 편저, 《융합이란 무엇인가》, 사이언스북스, 2012

4. 교육 과정 평가원, 〈창의적 인재 양성을 위한 수업혁신분석틀 공유〉, 2016, p. 17

를 위해서는 단순한 지식을 전달하는 강의식 수업에서 벗어나 학생들이 토론하고 협동하는 가운데 자유롭게 자신의 생각을 발산하는 학생 참여 수업이 필요하다.

융합 수업은 단일 교과 내 융합 수업과 교과 협동 수업으로 구분할 수 있다. 단일 교과 내 융합 수업은 기본 교과를 중심으로 다른 교과의 요소를 연계하여 진행하는 수업으로 한 교사가 여러 영역을 함께 다루어 지도한다. 일반적으로 기본 교과에 음악이나 미술적 요소를 포함시키는 경우가 많다. 예를 들어 국어 교사가 문학 작품을 그림으로 그리게 하거나, 교과 내용으로 가사 바꾸어 노래하기 등을 들 수 있다. 그 외에도 연극, 모의 법정, UCC(사용자가 직접 제작한 콘텐츠) 만들기 등의 다양한 방법으로 교과 내용을 표현하게 할 수 있다.

'비주얼씽킹'도 글과 그림으로 학습한 내용과 자신의 생각을 표현하는 방법으로 일종의 융합 수업이 될 수 있다. 그림은 자신의 생각을 표현하는 가장 오래된 수단이다. 인간의 뇌는 정보를 그림으로 생각하고 기억한다. 이를 다시 시각화하여 표현하기 위해서는 정보를 재구성하고 종합해야 한다. 이 과정에서 다시 학습과 생각이 이루어지고 정보를 기억하게 된다. 이를 통해 사고력과 창의력이 길러지고, 자연스럽게 학습 내용에 대해 복습이 이루어진다.

교과 협동 융합 수업은 두 개 교과 이상의 교사가 협동하여 융합 수업을 운영하는 것이다. 이는 대부분 하나의 주제를 중심으로 다양한 과목을 연결하는 형태인 '주제 중심'으로 이루어진다. 실생활의 문제나 쟁점, 개념 등의 주제를 중심으로 여러 교과의 관련 내용을 통합적으로 재조직하여 가르치는 방법이다.

교과 협동 융합 수업의 대표적 사례가 EBS 〈최고의 교사〉 '더 넓은 세상과 소통하는 법' 편에서 소개된 동북고등학교의 통합 교과형 논술 수업이다. 이는 주제 중심 수업으로 하나의 주제나 개념을 중심으로 물리, 윤리, 경제 교사가 각자 전공 교과와 연결하는 릴레이 식으로 진행되었다.

필자도 이들의 수업을 직접 참관한 적이 있다. 당시 주제는 '촉매'였다. 과학 교사가 촉매에 대한 개념을 정리하고, 윤리 교사는 안중근 의사의 이토 히로부미 저격 사건을 한일 강제 병합의 촉매로 설명했다. 이를 경제 교사가 경제 분야에서 촉매가 어떤 의미로 쓰이는지 수업했다. 특정한 주제를 다양한 관점에서 접근하는 과정에서 영역을 뛰어넘는 폭넓은 융합이 이루어지는 것이다.

이러한 융합 수업은 다양한 지식을 연결하고 조직화하는 과정에서 학생들의 창의력과 문제해결력을 신장시킨다. 또한 전체와 본질을 보는 연습을 통해 삶과 지식의 연계가 가능해진다. 또한 융합 수업은 개별 활동보다 모둠 활동으로 할 때 학생들의 협동 과정에서 더욱 기발하고 창의성이 발휘되는 경우가 많다. 이를 발표와 연계하면 더욱 재미있고 즐거운 수업이 될 수 있다. 융합 수업의 사례는 다음과 같다.

1. 연극 수업

연극 수업은 교과 내용을 연극으로 표현하는 가운데 학생들의 상상력과 창의력을 발휘하는 수업이다. 연극 수업은 대본 준비 과정에서 교과 내용에 대한 치밀한 분석을 통해 깊이 있는 학습이 이루어진다. 또한 사실에 대한 해석을 통해 자신의 사고와 가치관을 명료화할 수 있다. 함께 연습하고 실제 연극하는 가운에 긴밀한 협력과 역할 분담이 이루어지며, 실수하는 중에도 웃음과 흥미를 유발한다. 이처럼 연극 수업은 대본을 쓰고, 협동해서 활동하는 가운데 자연스럽게 융합 사고력을 발휘할 수 있다.

국어 시간에는 소설을 연극으로 표현하면 자연스럽게 인물에 대한 파악과 해석, 줄거리 연결, 주제 파악이 가능해진다. 한국사 시간에는 역사적 사실을 연극으로 재구성하는 과정에서 역사 인물에 대한 고찰, 사실에 대한 역사적 판단과 해석을 할 수 있다. 사회 시간에는 교과 내용을 현실의 이슈나 사건과 접목하여 연극으로 표현하는 가운데 수업을 삶에 접목할 수 있다. 과학 시간에는 과학 개념이나 인물을 연극의 소재로 활용 가능하다.

새로운 교육 과정에서는 인성 교육과 인문학적 소양을 위해 초등학교 국어 교과에 연극 단원을 개설하고 있다. 연극 교육을 체계적으로 실시함으로써 타인을 이해하고 공감하며, 배려하는 체험이 가능하기 때문이다.

고등학교 수업에서는 연극 수업으로 간단히 역할극을 활용할 수 있다. 역할극을 통해 학생들은 소설이나 사건 속의 인물이 되는 경험을 통해 감정 이입을 하거나, 그 사람이 속한 상황과 조건 속에서 사건을 경험한다. 관람하는 학생에게도 실감 있게 사건을 객관화하여 볼 수 있는 기회를 제공한다. 최고은 선생님의 한국사 수업에서 진행된 역할극 사례를 소개한다.

1. 모둠 구성 : 학급당 6~7모둠으로 한 모둠은 5명 내외가 적당하다.
2. 주제 정하기 : 동학 농민 운동의 배경, 주장, 인물, 전개 과정, 결과 등을 생각하여 구체적인 장면을 설정한다.
3. 유형 정하기 : 내용 연극, 역사 모의재판, 뉴스, 무성 연극, 역사 콩트, 5분 토론 등
4. 역할 분담하기 : 극본과 연출, 무대 구성과 소품 준비, 의상과 분장, 역할 배정을 한다.
5. 스토리보드 및 대본 만들기 : 모둠별로 역할극의 줄거리를 순서에 따라 그림으로 간단하게 그려본다. 이에 따라 구체적으로 대본을 작성한다.
6. 모둠별 역할극 하기 : 모둠별로 5분 내외로 역할극을 수행한다. 모든 학생이 연극에 참여할 수 있도록 한다.
7. 개인별 보고서 작성 : 역할극의 주제, 줄거리 요약, 나의 역할, 역할극을 통해 새롭게 알게 된 점, 역할극 후 소감과 느낀 점 등을 작성한다. 교사는 이를 평가해 생활기록부에 반영한다.

〈역할극 수업 예시〉

<table>
<tr><th colspan="3">역할극 스토리보드 만들기 (　　　) 모둠</th></tr>
<tr><td rowspan="8">모둠원
역할</td><td>이 름</td><td>모둠 과제 수행을 위해 맡은 역할</td></tr>
<tr><td></td><td></td></tr>
<tr><td></td><td></td></tr>
<tr><td></td><td></td></tr>
<tr><td></td><td></td></tr>
<tr><td></td><td></td></tr>
<tr><td></td><td></td></tr>
<tr><td></td><td></td></tr>
<tr><td>제목</td><td colspan="2"></td></tr>
<tr><td>주제</td><td colspan="2"></td></tr>
<tr><td rowspan="3">스토리
보드</td><td>①</td><td>②</td></tr>
<tr><td>③</td><td>④</td></tr>
<tr><td>⑤</td><td>⑥</td></tr>
</table>

〈평가표 예시〉

역할극 교사 평가표		
평가 기준	배점	세부 항목
주제 · 내용	20점	• 역할극 주제와 실제 극 내용이 일치하는가? • 극의 내용이 역사적 사실과 일치하는가? • 적절한 주제를 선택하였는가?
구성 · 완성도	20점	• 극의 전개와 구성, 완성도 • 대사의 전달력 • 대사의 유창성 • 대사의 암기 정도
표현 참신성 (흥미)	20점	• 표현 방법이 참신하고 흥미로운가? • 아이디어가 창의적인가?
협동성 · 수업 태도	10점	• 연습 일정에 참여 또는 준비 • 모둠 구성원의 적극적 협력도 • 극의 진행 시 질서 있는 태도 유지
모둠별 제작 계획서	10점	• 정해진 날짜에 완성하여 제출하였는가? • 성실하게 내용을 작성하였는가?
관람 태도	-5 ~ 0점	• 다른 모둠 발표 시 배려 있게 잘 관람했는가? (감점 방식)
모둠 계획서 · 개인 보고서	20점	• 정해진 날짜에 완성하여 제출 : 늦으면 하루 -1점 • 성실하게 내용을 작성하였는가?
총점	100점	

2. 노래 가사 바꾸기

우리나라 사람들이 가장 좋아하는 취미 중의 하나가 음악 듣기이다. 어디에서나 이어폰을 꽂고 노래를 듣는 사람을 볼 수 있다. 노래 가사 바꾸기는 대중가요나 CM송(광고 음악)의 가사를 교과 내용으로 바꾸어 부르는 활동이다. 아이들이 평소 흥얼거리는 노래에 교과 지식을 포함한다면 보다 쉽고 오래 기억하게 할 수 있다.

2010년 EBS 〈최고의 교사〉 '노래하는 지구과학' 편에서 경화여고 김창수 선생님의 사례를 방영한 적이 있다. 선생님은 지구과학의 여러 개념을 대중가요의 가사로 바꾸어 노래와 율동을 곁들여 수업한다. 선생님이 만든 10여 개의 노래를 따라 부르다 보면 어렵고 딱딱한 지구과학의 내용들이 저절로 외워진다고 한다. 학생들의 지구과학 성적도 4퍼센트만 받을 수 있는 1등급이 20퍼센트에 육박할 정도로 높았다고 한다. 수업이 활기차고 아이들이 즐거우면서 성적이 올라가니 모두가 행복한 수업이라 하겠다.

노래 가사 바꾸기는 교사가 하나의 주제를 선정해서 수행할 수도 있고, 지금까지 수업 시간에 배운 내용 중 하나를 선택하게 할 수도 있다. 개별 활동도 가능하지만 수업 활용도는 모둠 활동이 훨씬 효과적이다. 아이들이 협동하는 가운데 더욱 기발한 아이디어가 떠오르고, 발표 수업이 용이하기 때문이다. 단순히 놀이 위주의 수업으로 흐르지 않기 위해서는 가사에 교과의 핵심 개념을 키워드로 포함하도록 하는 것도 방법이다.

한국사 시간에 있었던 노래 가사 바꾸기 수업 활동 사례를 소개한다. 모둠별 수행평가로 활용했다.

1. 모둠별 학습지에 모둠 인원의 이름, 사용할 노래의 제목, MR(반주 음악) 사용 여부, 가사의 표시 방식(PPT나 UCC 등)을 적는다.
2. 주제에 맞는 내용으로 사용할 노래의 가사를 바꾼다.
3. 개사한 노래를 보고서에 작성하고, 보고서는 기한 내에 제출한다.
4. MR을 준비하고, 가사를 표시할 PPT, UCC 등을 만든다.
5. 사용할 MR과 가사 표시 파일을 발표 전날까지 선생님에게 파일로 제출한다.
6. 노래 암기가 끝났으면 연습해서(댄스나 율동 포함) 가사 내용이 잘 전달될 수 있도록 한다.

다음은 한국사 수업에서 싸이의 〈강남 스타일〉을 개사한 아이들의 사례를 소개한다. 원곡 가사 아래가 바꾼 가사이다.

낮에는 따사로운 인간적인 여자
낮에는 따사로운 밭일하는 농민
커피 한 잔의 여유를 아는 품격 있는 여자
숭늉 한 잔의 여유를 아는 부지런한 농민
밤이 오면 심장이 뜨거워지는 여자

수확하면 마음이 뿌듯해지는 농민
그런 반전 있는 여자
그런 반전 있는 농민

나는 사나이
나는 조병갑
낮에는 너만큼 따사로운 그런 사나이
너희의 쌀들을 착취하는 그런 조병갑
커피 식기도 전에 원샷 때리는 사나이
숭늉 식기도 전에 뺏어버리는 조병갑
밤이 오면 심장이 터져버리는 사나이
쌀만 보면 심장이 터져버리는 조병갑
그런 사나이
그런 조병갑

아름다워 사랑스러워 그래 너 hey 그래 바로 너 hey
조병갑이 너무 싫어 그래 너 Hey 그래 바로 너 Hey
— 중략 —
오빠 강남 스타일 강남 스타일 우 우우 우
우린 동학 스타일 동학 스타일 우 우우 우

〈평가표 예시〉

노래 가사 바꾸기 교사 평가표		
평가 기준	배점	세부 항목
주제 · 내용	20점	• 주제에 맞는 가사 내용 • 적절한 노래의 선정
구성 · 완성도	20점	• 노래와 가사의 어울림 • 가사의 전달력 • 가사의 유창성 • 가사의 암기 정도
표현 참신성 (흥미)	20점	• 표현 방법이 참신하고 흥미로운가? • 아이디어가 창의적인가?
협동성 · 수업 태도	10점	• 연습 일정에 참여 또는 준비 • 모둠 구성원의 적극적 협력도
모둠별 제작 계획서	10점	• 정해진 날짜에 완성하여 제출하였는가? • 성실하게 내용을 작성하였는가?
관람 태도	-5 ~ 0점	• 다른 모둠 발표 시 배려 있게 잘 관람했는가?(감점 방식)
모둠 계획서 · 개인 보고서	20점	• 정해진 날짜에 완성하여 제출 : 늦으면 하루 -1점 • 성실하게 내용을 작성하였는가?
총점	100점	

3. 명화로 탐구하는 지구과학

명화에 표현된 기후나 지형, 구름과 달 등의 지구과학적 요소들을 찾아내어 명화를 소개하고, 지구과학에서 배운 내용들과 연결하여 설명하게 하는 활동이다.

학생들은 미술 작품을 선택하고 감상하는 과정에서 예술적 감성이 길러진다. 또한 실생활에서 일어나는 다양한 기후 현상이나 여행지에서 본 지형을 지구과학의 내용과 연관 짓는 과정에서 수업과 생활을 연결하게 된다. 다음은 문효영 선생님의 수업 사례이다. 고흐의 〈아를의 별이 빛나는 밤〉[5]이라는 작품을 통해 다음과 같은 보고서가 만들어졌다.

5. 출처 : 프랑스국립박물관연합

〈보고서 예시〉

<table>
<tr><th colspan="3">명화로 탐구하는 지구과학</th></tr>
<tr><td>작품
소개</td><td></td><td>• 제목 : 아를의 별이 빛나는 밤
• 작가 : 빈센트 반 고흐(Vincent Van Gogh, 1853~1890)
• 제작 연도 : 1888년 9월
• 사조 : 후기인상주의
• 종류 : 유화
• 기법 : 캔버스에 유채
• 크기 : 72.5 x 92cm(H x L)
• 소장처 : 오르세 미술관</td></tr>
<tr><td>고흐
일생</td><td colspan="2">〈생략〉</td></tr>
<tr><td>탐구
주제</td><td colspan="2">〈아를의 별이 빛나는 밤〉에서 밤하늘에 빛나고 있는 별은 큰곰자리이다. 큰곰자리는 북반구 중위도에서는 연중 관측할 수 있으며, 지구 자전축 방향에 있는 북극성이 속한 작은곰자리와 연결된다. 북극성은 작은곰자리의 알파별이며, 실제로 3중성인데, 눈으로 보이는 두 별 중 더 밝은 별이 약 30년의 주기를 갖는 분광쌍성이고, 다른 하나의 별은 주기가 약 4일인 세페이드 변광성이다. 밝기 변화는 너무 작아 육안으로 감지할 수 없으며 북극성계의 겉보기 안시등급은 2.04이다. 밤하늘에서 몇 가지 이유로 밝기가 변하는 별을 '변광성'이라고 하며, 북극성은 '맥동 변광성' 중 세페이드형 변광성에 해당한다. 나는 맥동 변광성을 중심으로 변광성의 종류와 특징을 탐구하고자 한다.</td></tr>
<tr><td>세부
내용</td><td colspan="2">우주의 줄자, 변광성

〈생략〉</td></tr>
</table>

모둠별로 만들어진 학생들의 발표 자료를 소개한다.

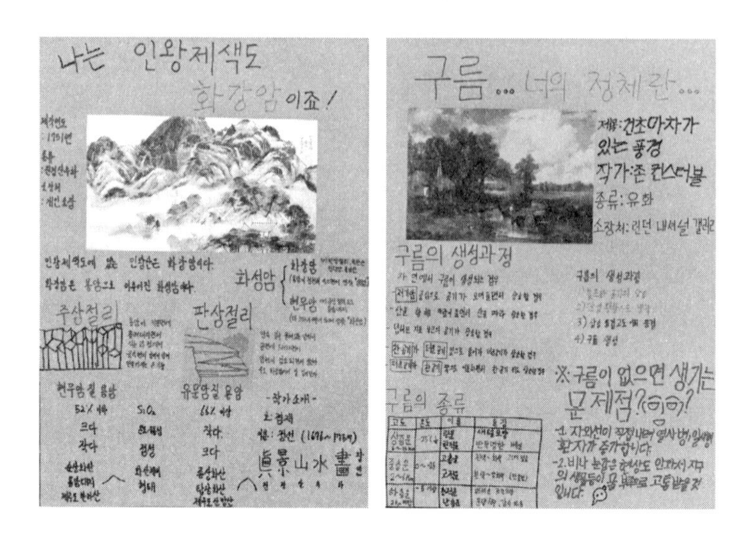

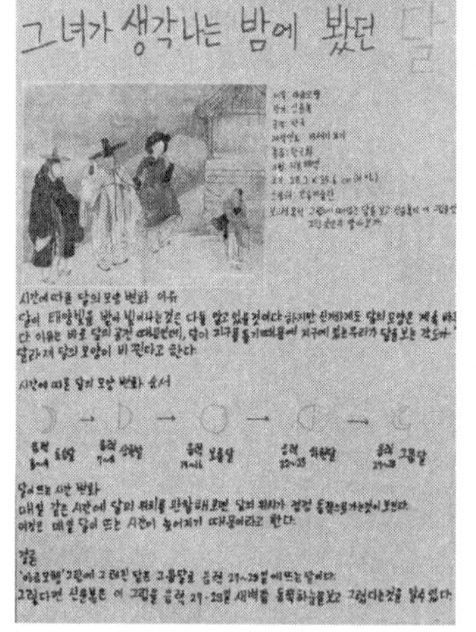

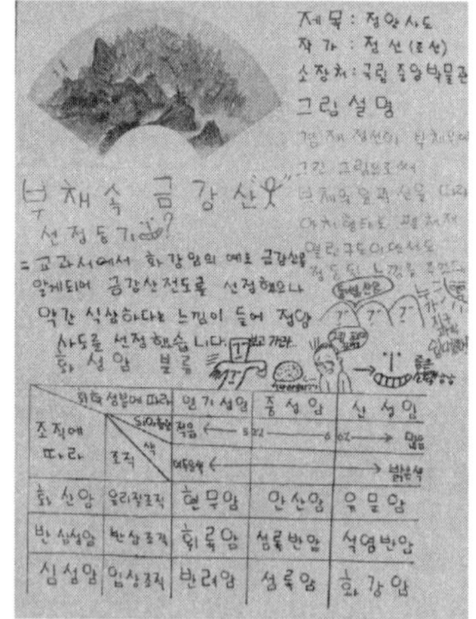

4. 모의재판, 신문 만들기 등

국어 수업 시간에 〈허생전〉의 내용을 다양하게 표현하는 수업을 참관한 사례를 소개한다. 담당 교사(김정민)는 〈허생전〉의 내용을 바탕으로 모의재판, 신문 만들기, 그림 그리기, 연극하기, 노래 가사 바꾸기, 프레젠테이션(또는 동영상)의 6모둠으로 나누어서 줄거리와 등장인물의 갈등 양상 등을 모둠별로 5분 내외로 표현하게 했다.

〈허생전〉을 다양하게 표현하는 아이들의 모습

학생들은 다른 모둠의 활동을 보고 다음과 같은 평가지에 기록하였고, 여기에 교사의 평가를 합산하여 과정 중심 평가에 반영했다. 또한 '허생'의 행동 중에서 비평하고 싶은 부분을 찾아보고, 자신이 지향하는 삶의 가치가 잘 드러나도록 〈허생전〉에 대한 비평문 쓰기 활동과 연결하였다.

[표1] 평가지 예시

평가항목	모의 재판	신문 만들기	그림 그리기	연극 하기	노래 가사 바꾸기	프레젠테이션 (또는 동영상)
구성원 참여도(5)						
내용의 충실성(5)						
표현의 창의성(5)						
발표 태도(5)						
합계(20)						

5. 문사철 융합 수업 : 〈허생전〉

과학 기술이 발달할수록 진정한 인간다운 삶을 위해서는 인문학적 소양이 요구된다. 인문학은 나는 누구이며, 어떤 존재이고, 앞으로 어떤 삶을 살아야 할 것인가에 대한 기본적인 성찰을 제공한다. 인문학적 소양이란 세상을 보는 안목과 인간을 이해하는 능력이다. 인간이 빠르게 변하는 물질문명에 휩쓸리지 않기 위해서는 시대의 흐름에도 변하지 않는 인간의 본질에 대한 이해가 필요하며, 이는 인문학을 통해 가능하다.

인문학의 대표적인 과목이 '문학, 역사, 철학'이다. '문학'을 통해 감동과 상상력을, '역사'를 통해 교훈과 미래에 대한 안목을 키운다. 그리고 '철학'을 통해 사회와 인간에 대한 끊임없는 성찰과 탐구가 이루어진다.

최근 일반계 고등학교에서는 이공계 계열 선호 현상이 뚜렷하다. 갈수록 인문반 학급이 줄고 있다. 이러한 상태에서 학생들의 인문학에 대한 접근 기회 부족과 지식 편중 현상을 개선하기 위해 필자의 학교에서는 '문사철 융합 수업'을 실시했다. 문사철 융합 수업은 문학, 역사, 철학 교과 간의 통합 수업을 통해 학생들의 인문학적 소양과 인성 함양에 도움을 줄 뿐 아니라 융합 사고력을 증진시킨다.

문사철 융합 수업은 수업 동아리 교사를 중심으로 이루어졌다. 국어, 한국사, 윤리 교사가 협의를 통해 먼저 문학 작품을 선정한 후 매 과목 수업을 통해 학생 활동 수업을 실시하고, 마지막에 이를 통합할 수 있는 글쓰기 과제를 부여했다. 즉, 1차시는 윤리, 2차시는 한국사, 3차시는 국어, 4차시는 글쓰기의 형태로 진행되었다. 〈허생전〉을 소재로 한 이유는 과목별로 다음과 같은 이유가 있다.

- 국어 : 교과서에 나오는 작품으로 학생들이 쉽게 접근할 수 있다. 수능이나 모의고사, 논술 등에서도 빈번하게 다루어지는 작품이며, 분량이 비교적 적어 수업 시간에 다루기 용이하다.
- 한국사 : 작품의 시대적 배경이 외세가 밀려오는 와중에 사회가 혼란스럽던 조선 후기이다. 따라서 조선 후기 정치, 경제, 사회, 문화의 변화 모습을 공부할 수 있다. 또한 조선 말의 개화와 현대의 세계화 상황을 비교하여 세계화에 대비하는 바람직한 자세에 대한 성찰이 가능하다.
- 윤리 : 허생이 추구했던 사회상을 바탕으로 윤리 교과서에 나오는 다양한 이상 사회의 모습과 사상가를 탐구할 수 있다. 또한 박지원은 실학자였으므로 조선 후기 실학사상에 대한 공부도 가능하다.

이 수업은 1, 2학년 학생들에게 희망 조사를 받아 24명을 대상으로 진행되었다.

• 1차시 윤리

[표2] 1차시 윤리 수업

구분	내용
주제	다양한 이상 사회의 모습과 사상가
학습 목표	1. 다양한 이상 사회의 모습과 사상가를 이해할 수 있다. 2. 허생이 추구하는 이상 사회의 모습을 발표할 수 있다.
학생 활동	[활동1] 허생이 추구하는 이상 사회 모습 찾기 [활동2] 허생의 이상 사회 모둠별 발표하기

윤리 시간에는 교사가 먼저 다양한 이상 사회의 모습과 사상가에 대해 강의했다. 공자의 대동사회, 토머스 모어의 유토피아, 애덤 스미스의 자유방임주의, 마르크스의 공산주의, 롤스의 정의론 등을 소개했다. 이어서 모둠 활동으로 〈허생전〉을 읽고 허생이 추구하는 이상 사회의 모습을 찾아 해당 구절을 인용하거나 요약하여 발표하게 했다.

- 2차시 한국사

[표3] 2차시 한국사 수업

구분	내용
주제	조선 후기의 신분제 변동과 이상 사회
학습 목표	1. 작품을 통해서 드러난 조선 후기의 사회적 변화를 주제별로 알아본다. 2. 박지원이 책을 쓴 이유를 발표할 수 있다.
학생 활동	[주제1] 조선 후기의 정치적 변화 [주제2] 조선 후기의 경제적 변화 [주제3] 조선 후기의 사회적 변화 [주제4] 조선 후기의 문화적 변화

한국사 시간에는 직소 수업모형을 활용했다. 네 가지의 주제를 제시한 후 각 모둠에서 한 명이 하나의 주제를 담당한다. 같은 주제를 가진 학생들이 별도로 모여서 그 주제에 대한 깊이 있는 탐구를 한 후 원래의 모둠으로 돌아가 설명하는 방법이다.

활동 방법은 다음과 같다. 먼저 교사는 조선 후기의 정치, 경제, 사회, 문화적 변화라는 네 가지 주제에 대해 구체적 학습지를 만들어 모둠별로 배부했다.

1. 모둠원 역할 배정하기 : 모둠원끼리 1~4번 학생을 선정한다. 1번 학생은 [주제1], 2번 학생은 [주제2]… 이런 식으로 역할을 정한다. 교사는 역할별로 학습지를 배부한다.
2. 주제별 그룹으로 이동하기 : 주제별로 새롭게 편성된 그룹으로 이동한다. 각 모둠에서 같은 주제를 맡은 학생끼리 모여 새로운 그룹을 만드는 것이다. 반드시 필기구와 학습 자료를 가지고 간다.
3. 주제별 그룹에서 공부 및 토론하기 : 주제별로 배부된 학습지를 참고하여 내용을 파악하고 토론한다. 적극적으로 의견을 공유하고, 모르는 것은 바로바로 물어본다. 필요한 경우 교사에게 도움을 요청한다.
4. 원래 모둠으로 돌아오기 : 일정 시간 경과 후 원래의 모둠으로 돌아온다.
5. 자신이 담당한 주제 가르치기 : 원래 모둠으로 돌아와 주제별 그룹에서 자신이 공부했던 내용을 친구들에게 가르친다. 이때 질문이 활발히 이루어지도록 지도한다. 필요한 경우 교사에게 도움을 요청한다.

〈직소 수업모형 활용 예시〉

주제	학습지 내용
[주제1] 조선 후기의 정치적 변화	1. 양 난 이후 통치 제도의 개편 1) 비변사의 기능 강화 2) 군사 제도의 변화 2. 붕당정치의 전개와 탕평정책 1) 붕당정치의 전개 2) 영조·정조의 탕평정책 3) 세도정치 시기 정치적 변화(양반층의 분화) 3. 양반층의 권위 상실
[주제2] 조선 후기의 경제적 변화	1. 농업 생산력의 증대 2. 수공업과 광업의 발달 1) 민영 수공업의 발달 2) 민영 광산의 증가 3) 상품화폐 경제의 발달
[주제3] 조선 후기의 사회적 변화	1. 양반의 향촌 지배 약화 2. 농민층의 분화 3. 신분제의 동요
[주제4] 조선 후기의 문화적 변화	1. 성리학의 변화 1) 성리학의 절대화 2) 양명학의 수용 2. 천주교의 전파와 동학의 발생 1) 천주교의 전파 2) 동학의 발생 3. 서민문화의 발달

모둠명		학번		이름	
내가 맡은 주제					

학습한 내용

• 새로 알게 된 내용 적기

• 본래의 조로 돌아와 들은 내용 정리하기

• 질문 거리 : 학습 후 충분히 이해가 안 된 내용 적기

• 3차시 국어

[표4] 3차시 국어 수업

구분	내용
주제	한국 문학으로서의 〈허생전〉, 소설로서의 〈허생전〉
학습 목표	1. 소설의 구성 요소를 이해할 수 있다. 2. 주인공과 작가의 관계를 설명할 수 있다.
학생 활동	[활동1] 작가 박지원에 대한 인물 탐구하기 [활동2] 주인공 허생과 작가 박지원의 관계 탐색하기

국어 시간에는 먼저 교사가 소설의 구성 요소를 설명한 후 학습지를 통해 작가 박지원에 대한 인물과 조선의 현실을 탐색하게 했다. 이를 통해 소설에 작가의 실학사상이 어떻게 담겼는지를 이해하고, 이완과 북벌 정치를 통해 당시 조선의 현실적 한계도 인식하게 했다. 또한 주인공 '허생'의 행위가 작가 '박지원'의 현실 인식을 어떻게 반영했는지를 탐색하는 활동을 했다.

• 4차시 융합

[표5] 4차시 융합 수업

구분	내용
주제	〈허생전〉에 대한 종합적인 이해, 분석 및 논술문 쓰기
학습 목표	1. 〈허생전〉의 인물, 사건, 배경을 이해할 수 있다. 2. 〈허생전〉을 읽고 논술문을 쓸 수 있다.
학생 활동	[활동1] 〈허생전〉의 인물, 사건, 배경 이해한 후 모둠별 발표하기 [활동2] 자신이 생각하는 이상 사회에 대한 논술문 쓰기

마지막 4차시에는 이제까지 윤리, 한국사, 국어의 과목별로 이루어진 수업을 통해 학생들이 배운 지식을 활용하여 통합적 글쓰기를 하는 활동이 이루어졌다. 과목별로 이루어진 학습이 연결될 수 있도록 〈허생전〉의 인물, 사건, 배경을 이해하는 활동을 한 후, 다음과 같은 내용으로 논술문을 쓰는 활동을 했다.

■ 논제 : 〈허생전〉을 참고하여 조선 후기의 정치적·사회적·문화적·경제적 변화를 설명하고 허생이 추구하는 이상 사회의 모습을 쓰시오. 또한 자신이 현대판 '허생'이라고 가정하고 자신이 생각하는 이상적 사회의 모습을 논술하시오.

6. 문사철 융합 수업 : 〈오발탄〉

두 번째 문사철 융합 수업의 작품으로 〈오발탄〉을 선정했다. 이 작품 역시 문학과 역사, 철학적 접근이 용이하며 고등학교 교육 과정에 적합하기 때문에 선정되었다. 1, 2학년 학생들에게 희망 조사를 받아 20명을 대상으로 총 4차시의 수업으로 진행되었다.

- 1차시 융합반

[표6] 1차시 융합반 수업

구분	내용
주제	〈오발탄〉에 대한 문학, 역사, 철학적 접근
학습 목표	1. 전후의 혼란한 사회 상황을 이해할 수 있다. 2. 줄거리 파악과 등장인물의 관계를 분석할 수 있다. 3. 주인공들의 현실 대응 방식의 차이를 파악할 수 있다.
학생 활동	[활동1] 등장인물의 관계 분석하기 [활동2] 등장인물이 되어 전후 바람직한 삶 선택하기

1차시는 융합반으로 운영되었으며, 전체 학생을 대상으로 세 명의 교사가 릴레이 수업으로 진행하였다. 국어 교사는 작품 이해를 위해 작가, 등장인물 등 전체적인 작품 개관을 설명하였다. 한국사 교사는 작품에서 철호 일가의 궁핍한 삶의 원인을 파악하여 작품과 전후(戰後) 사회 현실을 연관 지었다. 윤리 교사는 철호(형)와 영호(동생)의 현실 대응 방식 및 가치관의 차이를 공리주의

와 의무론, 덕 윤리의 관점에서 파악하게 하고, 각자의 다른 가치관이 어떤 결과로 이어지는가를 분석하게 했다. '생각하기' 활동으로 '전후의 비참하고 불행한 삶 속에서 철호와 영호 중 어떠한 삶의 태도가 바람직하다고 생각하는가?'를 쓰게 했다.

학생들은 선생님의 설명과 소설 내용을 확인하며 학습지를 정리하고, 결과를 모둠 활동을 통해 발표했다.

• 2~3차시 모둠별 수업

[표7] 2-3차시 모둠별 수업

모둠	내용	학생 활동
문학	1. 세부 작품 분석 2. 소재의 상징적 의미 파악하기 3. 다른 작품과의 비교	1. 단계별 세부 내용, 구성상의 특징, 인물 성격, 당대 사회 현실 파악하기 2. 제목 및 작품 속에 등장하는 소재의 상징적 의미 파악하기 3. 다른 전후 소설과의 비교 - 인물의 현실 대응 방식의 차이점 확인
역사	1. 전후 사회 상황 파악하기 2. 정의로운 삶의 의의 생각해보기	1. 주인공들의 모습을 통해 1950년대 시대 상황 파악하기 2. 부조리한 삶의 현실에도 정의로운 삶의 가치란 무엇일까 생각하기
철학	1. 사상별 의사결정 과정의 이해 2. 각 윤리를 의사결정 절차에 적용	1. 모둠 활동을 통해 의견을 모아 학습지에 생각 적기 2. 피라미드 토론 : '가장 바람직한 삶을 사는 사람은 누구인가?'

2~3차시는 모둠 수업으로 문학, 역사, 철학으로 반을 나누어 각 과목 담당 교사가 교과 중심으로 수업했다. 문학 모둠은 학습지를 통해 소설 내용 분석, 소재의 상징적 의미, 〈오발탄〉의 갈등 양상, 등장인물의 현실 대응 방식 등을 공부했다. 역사 모둠은 뉴스나 신문, 인터넷 등을 통해 알게 된 전쟁 관련 경험 나누기(전쟁 이후의 사람들의 모습에 초점 맞추기), 주인공들의 모습을 통해 1950년대 시대 상황 파악하기, 부조리한 삶에도 정의로운 삶의 가치를 생각해보기 활동을 했다. 철학 모둠은 의무론, 공리주의, 덕 윤리의 의사결정 과정을 등장인물들의 삶에 적용해보는 활동을 하고, '가장 바람직한 삶을 사는 사람은 누가인가?'를 주제로 피라미드 토론을 했다.

- **4차시 융합 수업**

[표8] 4차시 융합 수업

구분	내용
주제	정의로운 삶에 대한 개인과 사회 제도적 책임 토론하기
학습 목표	1. 과목별로 배웠던 내용을 모둠원에게 설명할 수 있다. 2. 정의로운 삶에 대한 개인과 사회 제도적 책임에 대해 자신의 입장을 주장할 수 있다.
학생 활동	[활동1] 과목별로 배웠던 내용 서로 공유하기 [활동2] 철호와 영호의 삶 중 자신은 어떤 삶을 살 것인가 선택한 후 입장 정리하기 [활동3] 정의로운 삶에 대한 개인과 사회 제도적 책임 토론하기

4차시는 다시 전체 학생을 대상으로 융합 수업을 했다. 2~3차시에 문학, 역사, 철학 모둠에서 각각 배운 내용을 활동지를 통해 모둠원과 서로 공유하는 활동을 했다. 즉, 이때의 모둠은 2~3차시에서 문학, 역사, 철학 분반 수업을 들었던 학생이 각 1~2명씩 포함되는 일종의 직소 수업모형의 적용이다. 마지막으로 '정의로운 삶을 실현하기 어려운 것은 개인의 노력이 부족한 탓인가? 사회 구조적 문제인가?'를 주제로 전체 토론을 했다.

4차시 융합 수업 흐름	
도입	• 시리아 난민을 통해 본 인도주의 모습 - 전후 사회 모습은 한국과 다른 사회가 크게 다르지 않음 - 사진 한 장이 가져왔던 변화 생각해보게 하기
전개	• [활동 1] 전 시간에 과목별로 배웠던 내용 서로 공유하기 - 문학, 역사, 철학 각 분반별로 배웠던 내용 나누기 • [활동 2] 철호와 영호의 삶 중 나는 어떤 삶을 선택할 것인가? - 본격적인 토론에 앞서 자신의 입장 정리해보기 • [활동 3] 토론하기 : '정의로운 삶을 실현하기 어려운 것은 개인의 노력이 부족한 탓인가? 사회 구조적 문제인가?' - 임의로 구성된 모둠별로 찬성과 반대의 주장을 모두 쓰고, 논거를 정리하게 하기 - 이때 전체 모둠 수는 짝수로 구성하고, 모둠별 논거 정리가 끝나면 모둠별 대표가 나와서 찬성 입장과 반대 입장을 선택하기 - 찬성 팀과 반대 팀으로 전체 모둠을 2개로 나누고, 모둠별 토론 대표 선정하기(ex. 찬성 3명, 반대 3명 : 모둠 수에 따라 인원 조정) - 본격적인 토론 활동하기
정리	- 자신의 생각 정리하기

7. 주제 중심 교과 융합 수업

이제까지 학교에서 이루어진 교과 간 융합 수업은 심화 수업, 통합 논술 등 대부분 프로젝트형 수업이었다. 따라서 소수의 선발된 학생들을 대상으로만 실시되었다. 이에 전체 학생을 대상으로 한 융합 수업을 고민하던 중 수업 동아리 교사들이 중심이 되어 1학년 학생들에게 학교 교육 과정 내에서 교과 간 융합 수업을 실시했다.

1학년 교육 과정의 '생활 교양'에 논술 교과를 주당 2시간 편성해서 독서 활동을 했다. 독서 활동 후 국어, 사회, 과학, 미술 시간에는 주제와 연관된 다양한 학생 활동 수업을 통해 범교과 간 융합을 시도했다.

이러한 교과 융합 수업이 이루어지기 위해서는 무엇보다 교사 간 협의가 필요하다. 주 1회의 협의회를 통해 과목별 수업 방법을 고민하고 생각을 나누었다. 수시로 서로의 수업을 공개하여 상호 피드백을 했으며, 과목 간 연계가 이루어지도록 하였다. 또한 융합 수업에 대한 전체 교사의 인식 제고를 위해 숙명여대 최시한 교수를 초청하여 '복합매체 시대의 융합 교육' 강연을 들었으며, 융합 수업 참여 교사 전체를 대상으로 컨설팅을 받았다. 운영 절차는 다음과 같다.

1. 기본 계획 수립 : 기본 계획은 새로운 학년이 실시되기 전인 2월에 수립되어야 한다. 먼저 과목별로 융합 수업에 동참할

교사를 선정한다. 본교의 경우는 수업 동아리 교사를 중심으로 국어는 2명, 사회·과학·미술은 각각 1명씩을 선정했다. 모두 1학년 수업을 담당하는 교사로 구성했다. 국어 교사가 논술 과목을 담당하고, 나머지 교사는 전공 교과 수업 시간에 융합 수업을 실시했다. 교사 간 시간표 연동 및 블록 수업이 이루어질 수 있도록 충분한 협의가 되어야 한다.

2. 주제 선정 : 교과 협의를 통해 융합 수업의 주제를 선정한다. 주제를 선정하기 전에 먼저 국가수준의 교육 과정을 분석해야 한다. 이는 과목별 성취 기준을 통해 파악 가능하다. 협의를 통해 '공동체 의식 기르기'를 주제로 선정했다. 주제 선정 이유는 고등학교 생활을 시작하는 1학년으로서 가족, 학교, 사회, 국가, 지구촌 공동체 일원으로 공동체에 대한 이해는 물론, 자신이 속한 공동체에 기여할 수 있는 방안을 고민하기에 적합하기 때문이다. 아울러 인성 교육에도 좋은 주제라고 판단되었다.
3. 도서 선정 : 논술 수업 시간에 읽을 주제에 적합한 책을 선정한다. 제일 먼저 읽을 책으로 장성익의 《내 이름은 공동체입니다》가 선정되었다. 이후 지구 공동체의 환경 문제를 다룬 《반기성 교수의 기후와 환경 토크토크》, 가족 공동체의 문제를 다룬 소설인 《개 같은 날은 없다》를 선정했다. 교과 수업과 연계되면서 고등학교 1학년이 읽기 적당한 수준과 분량 등을 고려했다. 독서 내용은 생활기록부 독서 활동에 기록되었

주제 중심 교과 융합 수업을 하는 학생들의 모습

고, 수업 중에 독서 활동이 가능하다는 점에서 학생들의 호응이 높았다.

4. 워크북 제작 : 대부분의 수업이 학생 참여 수업으로 진행되기 때문에 워크북을 제작해서 1학년 전체 학생에게 배포했다. 이를 통해 학생들의 모든 활동을 포트폴리오 형식으로 관리하게 했다. 워크북은 교과별로 내용 정리, 질문 만들기, 토론하기, 삽화 그리기 등의 활동지 형태로 만들었다. '나만의 책'이 되도록 앞뒤 표지는 미술 시간을 통해 각자 디자인하게 했고, 학생들이 생각하고, 토론한 결과를 모두 기록하게 했다. 교사는 이를 과정 중심 평가와 생활기록부에 활용했다.
5. 융합 수업 : 논술 과목은 2명의 교사가 주 2시간을 블록화해서

맡았다. 체계적인 독서 활동을 하는 데 1시간은 부족했기 때문이다. 1학년 사회와 과학은 주당 3시간 중 1시간을 융합 수업 담당 교사가 맡아 전체 학급에 들어갔다. 나머지 2시간은 전공 교과 선생님이 들어가 진도를 담당했다. 미술은 주당 3시간 수업 내용 중에서 일부를 융합 주제와 연계하도록 했다.

과목별로 구체적인 활동은 다음과 같다.

〈과목별 구체적 활동 예시〉

교과	수업 내용
논술	- 독서, 내용 이해 및 요약하여 워크북에 적기 - 주제 관련 영화 감상 : 〈투모로우〉, 〈프라미스드 랜드〉 등
국어	- 작품의 서술 방식 및 주제, 인물 탐구 - 기후 사진 스토리텔링하기 - 감상문 쓰기
사회	- 토론의 기초 - 지역사회 공동체를 위한 실천 보고서 만들기, 평가하기 - 기후에 대한 하브루타 토론 - 에너지에 대한 하브루타 토론 - 가족에 대한 하브루타 토론 - 주제에 대해 주장하는 글쓰기와 토론
과학	- 에너지 일기 쓰기 - 진동카 제작하기를 통한 에너지 전환 과정 파악하기 - 영화 감상 후 기후 보고서 작성하기 및 발표 - 에너지 절약 제안서 작성하기 : 학교의 에너지 낭비 현장 사진 촬영 및 발표 - 기후 변화 사진전 개최
미술	- 내가 운영하고 싶은 공동체 간판, 표지판 제작하기 - 개별 간판을 모아 모둠별 공동체 마을 지도 제작하기 - 재난 영화 포스터 그리기 - 자연, 기후, 환경을 소재로 가면 제작하기 - 자신의 생각을 담은 워크북 표지 디자인하기

하브루타와 학생 참여 수업을 통해 얻은 수업의 행복

> 이 수업은 시간표에서 체육 다음으로 열심히 하게 된 과목이다. 정말 싫어하는 것들만 한다. 읽기, 쓰기, 토론하기, 논술 등 평소에는 진짜 싫어하는데 '생활과 윤리' 시간에는 정말 열심히 하게 된다. 요약문 작성하기는 키워드를 넣어가면서 쓰니까 저절로 글이 딱딱 만들어져 신기했다. 하브루타는 친구들과 이야기하면서 의견을 정하여 좋았다. 툴민 글쓰기는 다른 글쓰기에도 많은 도움이 될 것 같다. 안락사 관련 영화를 보면서 내 꿈인 수의사가 되면 늙거나 병든 개들을 어떻게 하는 것이 나을지 생각하게 되었다.

어느 학생의 수업 일기 내용이다. 학생 참여 수업을 하면서 얻은 가장 큰 행복은 아이들이 수업에서 즐거워하는 모습을 볼 수 있다는 점이다. 공개수업 참관 후 학생들의 활동 모습을 촬영하여 담당 선생님에게 보내주었더니 이런 답장이 왔다. "고마워요. 아이들이 저와 수업하여 이런 표정을 지었다는 게 행복하네요". 수업에서 교사와 아이들이 행복할 수 있다면 이보다 좋은 일은 없다.

또한 아이들의 다른 모습을 발견할 수 있다. 필자의 수업 영상을 보면서 뜻밖의 아이가 모둠 활동에서 진지한 자세로 열심히 말하는 모습을 보면서 그 아이에게 미안했던 적이 있다. 그 아이 때문에 여러 선생님이 힘들어했고 필자 역시도 선입견을 갖고 있었기 때문이다. 이처럼 다양한 참여 수업을 통해 평소엔 잘 알 수 없었던 학생 개개인의 흥미와 재능을 찾을 수 있다.

수업과 영화를 비교하여 생각해보았다. 영화에는 감독과 배우, 관객이 있고, 수업에는 교사와 학생이 있다. 수업을 영화에 비교한다면 이제까지 감독과 배우의 역할은 대부분 교사가 담당하였고, 학생들은 관객일 뿐이었다. 주연이든 조연이든, 이제 수업에서 아이들에게 배우의 역할을 맡겨보자.

그리고 교사는 감독의 역할을 담당하여 학생들이 각자 맡은 역할을 잘 수행할 수 있도록 수업을 설계하자. 아이들이 스스로 탐구하고, 토론하고, 활동하는 가운데 협동과 배움이 싹틈을 확인할 수 있을 것이다. 영화가 잘 되면 물론 배우의 역할도 있지만, 감독에게 공(功)이 돌아간다. 교사가 굳이 배우의 역할을 하지 않더라도 좋은 수업이 가능하며, 그 공은 역시 교사에게 돌아간다. 이런 참여 수업을 통해 학생들은 즐거워하며 심지어 성적마저 오른다. 이는 거꾸로 교실을 통해서도 이미 입증되었다.

《맡기는 기술》의 저자 오구라 히로시에 따르면 권한 위임을 통해 일단 일을 맡기면 그 일이 실패할지라도 맡겨두고 간섭하지 말아야 한다고 한다. 설사 실패하더라도 이를 통해 새로운 방법을 찾는 과정에서 창의성과 문제해결력이 생긴다. 그 가운데 배움이 일어나고 성장하는 것이다.

수업을 학생에게 맡기지 못하는 데에는 교사의 두려움도 있다. 또한 교사의 역할에 대한 고정 관념도 있다. 참여 수업은 학생들에게 수업의 모든 것을 맡기는 것이 아니라, 스스로 선택하고 주도할 수 있는 능력을 키워주는 것이다. 실제 학생들에게 수업을 맡겨본 교사들은 대부분 기대를 뛰어넘는 학생들의 활동에 놀라곤 한다. 그리고 이러한 과정에서 아이들과 함께 교사도 성장하는 것이다.

이제 학생 참여 수업을 위한 시대적, 제도적 여건이 무르익었다. 하고자 하면 길이 있다. 이미 수많은 선생님이 좋은 길을 만들어 놓았다. 필자도 그 선생님들께 감사하며 그 길을 걷는 중이다. 부족한 이 책이 보다 많은 선생님과 함께 그 길을 걸을 수 있도록 작은 안내서가 되기를 바란다.

참고 문헌

- EBS, 《EBS가 선택한 최고의 교사》, 문학동네, 2012
- 권순현, 《살아 숨쉬는 감동의 교수법》, 한국리더십센터, 2013
- 김태현, 《교사, 수업에서 나를 만나다》, 좋은 교사, 2012
- 김혜숙 · 박인보 · 김주현 외, 《생각을 키우는 토론 수업 레시피》, 교육과학사, 2011
- 더그 레모브, 《최고의 교사는 어떻게 가르치는가》, 이주혜 옮김, 해냄, 2016
- 밥 파이크, 《밥 파이크의 창의적 교수법》, 김경섭 · 유재필 옮김, 김영사, 2004
- 사토 마나부 · 한국 배움의 공동체 연구회, 《교사의 배움》, 에듀니티, 2014
- 서상민 · 전동민, 《학습 능력 향상을 위한 공부 기술 완시스》, 한국학습코칭센터, 2014
- 오구라 히로시, 《맡기는 기술》, 박혜령 옮김, 와이즈베리, 2011
- 유동걸, 《토론의 전사 1, 2》, 해냄에듀, 2012
- 장은선, 《밀레니얼 칠드런》, 비룡소, 2014
- 전성수, 《최고의 공부법 유대인 하브루타의 비밀》, 경향비피, 2014
- 전성수 · 고현승, 《질문이 있는 교실, 중등편》, 경향비피, 2015
- 전태련, 《함께하는 교육학, 논술 이론편 상》, 캠버스, 2015
- 조벽, 《나는 대한민국의 교사다》, 해냄, 2010
- 조벽, 《명강의 노하우 & 노와이》, 해냄, 2010
- 토니 부잔, 《복습을 위한 마인드맵》, 부잔코리아, 2008
- 토니 부잔 · 배리 부잔, 《마인드맵 북》, 권봉중 옮김, 비즈니스맵, 2010
- 한국협동학습연구회, 《협동학습 1, 협동학습 기초 다지기》, 한국협동학습센터, 2012

- 헨리 뢰디거·마크 맥대니얼·피터 브라운, 《어떻게 공부할 것인가》, 김아영 옮김, 와이즈베리, 2014
- 홍성욱 편저, 《융합이란 무엇인가》, 사이언스북스, 2012
- 교육 과정 평가원, 〈창의적 인재 양성을 위한 수업혁신분석틀 공유〉, 2016
- 미래교실네트워크, 〈거꾸로 교실 수업 사례집(사회)〉, 2017
- 서울중등수석교사회, 〈질문이 있는 교실 중등 수석교사 수업 사례집〉, 2015
- 중앙교육연수원, 〈수석교사 수업컨설팅 역량강화과정 2기 자료집〉, 2017

참고 방송 프로그램

- EBS, 〈EBS 교육대기획, 학교란 무엇인가?〉, 2011
- EBS, 〈EBS 다큐프라임, 공부의 왕도〉 '인지의 세계는 냉엄하다', 2008
- EBS, 〈EBS 다큐프라임, 왜 우리는 대학에 가는가?〉 '5부 : 말문을 터라', 2014
- EBS, 〈최고의 교사〉 '노래하는 지구과학', 2010
- KBS, 〈거꾸로 교실의 마법〉, 2015
- KBS, 〈공부하는 인간〉, 2013
- KBS, 〈명견만리〉 4차 산업혁명은 어떤 인재를 원하는가?', 2016
- KBS, 〈시사 기획 창〉 '전교 1등은 알고 있는 공부에 대한 공부', 2014